ANDREA OPITZ

Köstliche Lebenskraft

235 Rezepte aus der Rohkostküche

Mit einer Einleitung von
Christian Opitz

4. Auflage 2007

Innengestaltung, Satz und Umschlag: Stephan Mayer, Wehrheim
Titelillustration: Klaus Wick

Hans-Nietsch-Verlag
Am Himmelreich 7, 79312 Emmendingen
info@nietsch.de
www.nietsch.de

ISBN 978-3-929475-10-4

INHALTSVERZEICHNIS

Besonders danken möchte ich meinen Eltern
für Ihre Liebe und Unterstützung.
Vielen Dank auch an Frances Kendall,
die mich inspirierte, in die Küche zu gehen,
und an alle, die dazu beigetragen haben,
daß dieses Buch entstanden ist.

Einführung ins Reich der lebendigen Nahrung

von Christian Opitz

Einer alten Küchenweisheit zufolge muß es nicht immer Kaviar sein. Dieser Spruch ist eine Aufforderung zur Rückbesinnung auf das Einfache, denn gerade in der Einfachheit liegt oft die größte Freude. In der Ernährung gilt dies im besonderen Maße. Es muß auch nicht immer Fleisch sein, es müssen auch nicht immer gekochte Speisen sein. In der frischen, pflanzlichen Nahrung, so wie sie die Natur dem Menschen schenkt, finden wir alles, was wir für unsere Ernährung brauchen. Rohkost, mit ein wenig Phantasie und viel Liebe zubereitet, ist ein kulinarischer Hochgenuß. Vermehrt Rohkost in den Speiseplan aufzunehmen bedeutet, im Einklang mit den Naturgesetzen zu handeln und seiner Gesundheit einen wichtigen Dienst zu leisten. Dies haben in den vergangenen Jahren viele Menschen in der fehl- und überernährten Welt erkannt. Rohkost erfreut sich immer größerer Beliebtheit und das aus gutem Grund. Die Vorteile der rohen, lebendigen Nahrung lassen sich in folgende Gruppen gliedern:

GESUNDHEIT

Jeder Mensch weiß, daß Fieber über 43 Grad tödlich ist. Physisches Leben ist hitzeempfindlich, denn es wird von äußerst hitzeempfindlichen Substanzen, den Enzymen, gesteuert. Enzyme sind die Katalysatoren unseres Stoffwechsels, ohne die kein einziger Lebensprozeß möglich ist. Im menschlichen Organismus sind über 100.000 verschiedene Enzymarten für einen gesunden Stoffwechsel notwendig. Die meisten dieser Enzyme müssen wir uns über die Nahrung zuführen. Da aber bei

Temperaturen über 43 Grad Enzyme zersetzt werden, ist nur die Rohkost eine geeignete Enzymquelle. Überwiegend gekochte Nahrung in der Ernährung führt zu einem ständigen Raubbau an den Enzymreserven unseres Körpers und damit zu Degeneration, Krankheit und frühzeitigem Tod.

Mindestens 50% unserer täglich genossenen Nahrung sollten Rohkost sein, wenn wir wirklich gesund essen wollen. Bei bereits bestehenden Krankheiten ist in vielen Fällen reine Rohkost eine optimale Grundlage für die Heilung. Auch wer nicht zum hundertprozentigen Rohköstler werden möchte, kann von einer gelegentlichen Rohkostkur profitieren. Die enzym- und vitaminreiche lebendige Nahrung bietet nicht nur einen guten Schutz gegen Herz- und Kreislauferkrankungen, Krebs, Rheuma, Gicht, Nieren- und Lebererkrankungen, Hautkrankheiten u.v.a., sondern führt auch zu einem gesteigerten Wohlbefinden und mehr körperlicher und geistiger Ausdauer.

ÖKOLOGISCHE GESICHTSPUNKTE

In der Rohkost verzichten wir auf Fleisch, Fisch, Geflügel, Eier und Milchprodukte. Abgesehen von den großen gesundheitlichen Vorteilen einer überwiegend oder ausschließlich pflanzlichen Ernährung, ist dies auch eine der effektivsten Maßnahmen zur Erhaltung des Lebens auf der Erde. Diese Aussage mag seltsam klingen, wird aber von zahllosen Wissenschaftlern und der weltweit angesehensten Institution für Umweltfragen, dem World-Watch-Institut, untermauert. Ein Bericht von World Watch über die Schädigung der Umwelt durch tierische Nahrung schließt mit dem Satz: „Keine andere Maßnahme würde die globale ökologische Gesamtsituation so sehr verbessern wie eine Reduzierung des Fleischverbrauchs."

Der Grund für die ökologischen Nachteile der tierischen Nahrungsmittel liegt in deren aufwendiger Erzeugung. Um 1 kg Fleisch zu produzieren, sind 7 kg Getreide als Futtermittel notwendig. Noch gravierender ist der Landverbrauch. Auf einem Hektar Land lassen sich nur etwa 50 kg Rindfleisch in einem Jahr gewinnen, aber 5.000-10.000 kg Gemüse. Die Gewinnung von 1 kg Fleisch verbraucht 3.000-15.000 Liter Wasser, für 1 kg Getreide sind 30 Liter notwendig. Der Erdölverbrauch für die Fleischerzeugung ist so hoch, daß World Watch Fleisch als Öl-Nebenerzeugnis einstuft!

Diese Verschwendung von fruchtbarem Boden, Wasser und Energie und die riesigen giftigen Abfallmengen (z.b. ammoniakhaltige Gülle, die das Waldsterben fördert), die bei der Fleischherstellung anfallen, sind so gravierend, daß Fleisch in einer umweltbewußten Lebensweise kein Grundnahrungsmittel sein kann.

Darüber hinaus verzichtet man bei der Rohkost auf den Energieverbrauch durch Kochen; energieaufwendig produzierte Fertignahrungsmittel verwendet man allenfalls in Gewürzmengen. Wenn man nun noch bedenkt, daß bei der vegetarischen Rohkost ein Minimum an Verpackungsmüll anfällt, wird klar, daß dies in der Tat die ökologisch beste Ernährungsform ist.

ETHISCHE ASPEKTE

Eine amerikanische Studie ergab kürzlich, daß 86% aller Gewaltverbrecher in ihrer Jugend Tiere mißhandelt haben. Schon lange bevor solche wissenschaftlichen Erkenntnisse bestanden, erkannten viele große Denker der Menschheit, daß eine humane Gesellschaft nicht mit einer inhumanen Behandlung von Tieren vereinbar ist. Zu den großen Vegetariern der Weltgeschichte gehörten z.b. Sokrates, Plato, Aristoteles, Pythagoras, Thales, Seneca, Plutarch, Buddha, Konfuzius, Mohammed, Franziskus von Assisi, Kant, Hegel, Voltaire, Schopenhauer, Nietzsche, Alexander von Humbold, Sven Hedin, Thomas Alva Edison, Isaac Newton, Tolstoi, George Bernard Shaw, Mahatma Gandhi, Albert Einstein, Mutter Theresa u.a.

Wenn wir uns pflanzlich ernähren, handeln wir in Harmonie mit den Naturgesetzen, denn wir sind von Natur aus Pflanzenesser. Die Früchte bietet die Natur zum Verzehr an, ohne daß ein Lebewesen getötet wird, und Gemüse ernten wir meist zu der Zeit, wo die natürliche Lebensspanne dieser Gewächse ohnehin abgelaufen wäre. Essen wir aber Fleisch, so unterstützen wir eine inhumane Tierhaltung, die für die Tiere schließlich mit einem furchtbaren Tod endet. Da wir heutzutage auf Fleisch als Überlebensnahrung nicht angewiesen sind, stellt sich die Frage, wie dies zu rechtfertigen ist. Natürlich kann man solche Probleme einfach verdrängen oder die ganze Palette der anthropozentrischen Fehleinschätzungen hervorkramen, nach denen ein Tierleben eben nicht soviel wert ist wie die Gaumenfreuden eines Menschen. Allerdings muß man sich dann auch nicht weiter wundern, wenn das ethische Vakuum unserer Gesellschaft immer weiter wächst und Mitgefühl zu einem Fremdwort wird.

Immer mehr Menschen jedoch erkennen, daß das Wohl des einzelnen untrennbar mit der ganzen Schöpfung verbunden ist. Selbst die moderne Physik hat erkannt, daß dem Universum eine fundamentale Einheit zugrunde liegt. Eine Lebensweise, die - im Gegensatz zur sozialdarwinistischen Ellbogenmentalität - das Glück aller Lebewesen anstrebt, ist letzten Endes die einzig erfolgreiche Methode, um wirkliche Erfüllung zu finden. Die vegetarische Ernährung ist innerhalb einer solchen Lebensweise ein wertvoller Schritt. Wenn wir dann noch darauf achten, die pflanzliche Kost wirklich natürlich, d.h. mit viel Rohkost, zu gestalten, werden wir körperlich, geistig und seelisch von unserer Ernährung profitieren. Es ist keineswegs notwendig, sich zu extremen Einschränkungen am Eßtisch zu zwingen und zu versuchen, eine theoretische Idealernährung mit innerer Verkrampfung zu praktizieren. Wer einfach mit Freude den Rohkostanteil in seiner Ernährung auf das Maß steigert, welches ihm zusagt, hat seine ganz persönliche Idealernährung gefunden.

Grundlagen der Rohkostpraxis

Die besten Bezugsquellen für gesunde Lebensmittel sind Bioläden, Reformhäuser, Bio-Bauern und natürlich der eigene Garten. Um sichergehen zu können, daß man wirklich biologisch angebaute Ware erhält, sollte man auf das Gütesiegel einer biologischen Anbauorganisation wie Demeter, Bioland, Naturland etc. achten. Ist die Ware mit einer derartigen Bezeichnung deklariert, so wird sie nach strengen Kriterien kontrolliert. Biologisch angebaute Lebensmittel enthalten nicht nur deutlich weniger Schadstoffe als konventionelle Ware, auch ihr Gehalt an Vitalstoffen (Enzymen, Vitaminen, Spurenelementen, Mineralien, Biophotonen) ist weitaus höher. Nach Möglichkeit sollten daher stets biologische Produkte verwendet werden.

FRÜCHTE UND GEMÜSE

Frische, gut gereifte Früchte aus biologischem Anbau sollten vorzugsweise verwendet werden. Wenn man auf konventionelle Ware angewiesen ist, so sind folgende Kriterien zu beachten:

- Früchte, die keinen typischen Eigengeschmack mehr aufweisen, sind wertlos.
- Wenn Äpfel oder Birnen nach dem Aufschneiden nicht in einigen Minuten braun werden, sind sie bestrahlt.
- Avocados müssen im reifen Zustand eine butterartige Konsistenz haben, zähe Avocados sind höchstwahrscheinlich mit kochendem Wasser behandelt worden.
- Wenn unreif gekaufte Früchte zu faulen beginnen, ohne richtig zu reifen, sind sie wahrscheinlich bestrahlt.
- Trockenfrüchte sollten ausschließlich in biologischer Qualität verwendet werden. Konventionelle Trockenfrüchte enthalten große Mengen an Schadstoffen.

Zu den Früchten zählen auch die eher gemüseartig schmeckenden Tomaten, Gurken, Avocados, Paprikaschoten, Zucchini und Kürbisse. Früchte können bedenkenlos mit Gemüse kombiniert werden. Bei der Zubereitung ist darauf zu achten, daß keine eßbaren Teile der Frucht entfernt werden; das gleiche gilt für Gemüse. So sollten z.b. Gurken, Karotten oder Äpfel zwar gründlich gewaschen, aber nicht geschält werden. Gerade die Schalen von Früchten und Gemüsen sind oft sehr vitalstoffreich.

Solange Früchte und Gemüse frisch und knackig aussehen, ist auch ihr Ernährungswert sehr hoch. Frischware, die nicht bald verzehrt wird, sollte kühl gelagert werden. Blattgemüse halten sich sehr gut, wenn sie in ein nasses Tuch eingewickelt werden. Wurzelgemüse kann man gut in feuchtem Sand in einer Kiste lagern.

KEIMLINGE

Keimlinge haben einen hohen Stellenwert in der gesunden Ernährung, da sich bei der Keimung eines Samens der Enzym- und Vitamingehalt vervielfacht. Alle keimfähigen Samen sind zum Aufziehen von Keimlingen geeignet, die verwendeten Sorten können einfach nach Geschmack ausgewählt werden. Getreidekörner läßt man 2-3 Tage keimen, Sonnenblumenkerne (die sehr vielfältig verwendbar sind) 1-2 Tage, Alfalfa 4-6 Tage, Linsen 2 Tage, andere Hülsenfrüchte 2-4 Tage. Für die Aufzucht von Grünkraut, z.B. aus Sonnenblumenkernen oder aus Buchweizen, sollte man ein Tablett oder einen Blumenkasten mit dunkler, unbehandelter Erde verwenden. Die Erde sollte immer feucht sein, aber nicht zu naß.

Für einfache Keimlinge eignen sich gewöhnliche Einweckgläser. Die Samen werden 6-12 Stunden eingeweicht (mit Ausnahme von Buchweizen, den man nur 15 Minuten einweichen sollte). Anschließend wird die Flüssigkeit abgegossen und das Gefäß mit einem Tuch bedeckt. Zweimal täglich werden die Keimlinge gewässert. Ein Blanchieren von

Keimlingen mit heißem Wasser, wie es oft empfohlen wird, ist unnötig und mindert den Wert erheblich. Die Enzymhemmer, die durch das Blanchieren abgebaut werden sollen, werden durch die Keimung ohnehin stark reduziert und sind nur noch in völlig unbedeutenden Mengen vorhanden.

NÜSSE UND SAMEN

Nüsse und Samen sollten möglichst frisch sein. Durch ein 5-12 stündiges Einweichen werden Nüsse und Samen leichter verdaulich. Eingeweichte Nüsse sind hervorragend für Diabetiker und Menschen mit Hypoglykämie geeignet, da sie eine blutzuckerregulierende Wirkung haben. Rohe Sesamsamen sind die beste Kalziumquelle in unserer Nahrung, sie enthalten siebenmal mehr Kalzium als Milch.

Rohes Mandelmus ist eine ausgezeichnete Zutat für die Rohkostküche. Durch die emulgierende Wirkung des in den Mandeln enthaltenen Lezithins kann man mit Mandelmus sehr gut cremige Saucen herstellen. Es ist aber wichtig, daß nur Mandelmus aus ungerösteten Mandeln verwendet wird. Nicht ratsam ist der Verzehr von Nüssen und Mandelmus für Menschen mit Leberproblemen, da sie oft kleine Mengen von Aflatoxinen enthalten, die für den Gesunden zwar völlig ungefährlich sind, bei einer Lebererkrankung jedoch nachteilig wirken können.

ÖLE

Konventionelle Öle werden oft mit Hexan ausgefällt, umgeestert, hydriert, gebleicht, gefiltert und mit künstlichen Zusätzen versetzt. Daher unbedingt biologische Öle verwenden. Erzeugnisse aus den klassischen Ölfrüchten wie Sonnenblumenöl, Olivenöl, Leinöl, Mandelöl sind am besten. Das hochgelobte Distelöl ist weniger empfehlenswert, da es meistens mit 200 Grad heißem Wasserdampf desodoriert wird, um die Bitterstoffe zu entfernen. Im Rohzustand ist Distelöl nämlich völlig ungenießbar. Der Gehalt an mehrfach ungesättigten Fettsäuren ist keinesfalls höher als bei anderen Ölen. So beträgt der Unterschied im Fettsäurespektrum zwischen Distelöl und Sonnenblumenöl nur etwa 1%.

GEWÜRZE UND HONIG

Gewürze zählen zu den Lebensmitteln, die am häufigsten bestrahlt werden, deshalb sind auch hier Erzeugnisse aus Bioläden und Reformhäusern vorzuziehen. In der Rohkostküche ist nur ein mäßiges Würzen zum Abrunden des Eigengeschmacks der Hauptzutaten notwendig. Menschen, die zu Ruhelosigkeit, Schlafstörungen oder Nervosität neigen, sollten auf Knoblauch und Zwiebeln verzichten, da Lauchgewächse eine stimulierende Wirkung auf das vegetative Nervensystem haben. Getrocknete Kräuter entfalten mehr Aroma, wenn man sie mit einer zerreibenden Bewegung zwischen Daumen und Zeigefinger in die Speisen gibt.

Bei Honig gibt es große Qualitätsunterschiede. Viele Honigsorten werden mit chemischen Milbenbekämpfungsmitteln versetzt und stammen von Bienen, denen der gesamte Honig weggenommen und statt dessen Zuckerlösung gegeben wird. Abgesehen vom ethischen Aspekt wirkt sich dies natürlich auf die Qualität des Honigs aus. Guter Honig, wie er in Bioläden angeboten wird, stammt dagegen von gesunden Bienen und enthält ein harmloses Milchsäure-Essigsäuregemisch gegen Milben. Solcher Honig ist neben Trockenfrüchten das beste Süßungsmittel für die gesunde Ernährung.

GERÄTE FÜR DIE ROHKOSTKÜCHE

Zur Herstellung vieler Rohkostgerichte benötigt man ein gutes Mixgerät. Hervorragend geeignet ist ein Pürierstab oder Zauberstab mit dazugehöriger Universalmühle. Alle Pürier- und Mixvorgänge können mit dem Zauberstab durchgeführt werden. Die Mühle benutzt man zum Zerkleinern eingeweichter Nüsse.

Für trockene Nüsse, die fein gemahlen werden sollen, empfiehlt sich eine kleine Handnußmühle als Ergänzung.

Ein weiteres wichtiges Gerät ist die Getreidemühle, die nach Möglichkeit ein Steinmahlwerk haben sollte, damit das Mahlgut nicht zu warm wird.

Da man in der Rohkostzubereitung die Zutaten nur mischt, ohne sie wie beim Kochen oder Backen chemisch verändert, müssen die Mengenangaben nicht exakt eingehalten werden. Lassen Sie Ihre Phantasie mitwirken und haben Sie viel Freude beim Zubereiten und Essen Ihrer Rohköstlichkeiten.

Folgende Mengenangaben werden im Rezeptteil verwendet:

EL = Eßlöffel

TL = Teelöfel

MS = Messerspitze

ANMERKUNG

Manche Rezepte erfordern als Zutat Vitapur oder Apfelpektin.

Vitapur ist ein Fermentgetränk, das in gut sortierten Naturkostläden erhältlich ist.

Apfelpektin, das ohne Kochen geliert, ist z.B. von der Firma Natura im Reformhaus erhältlich.

Suppen

Alle Suppen sollten möglichst gleich nach der Fertigstellung verzehrt werden. Reste können im Kühlschrank aufbewahrt werden, verlieren jedoch schnell an Geschmack.

KAROTTENSUPPE

Zutaten

4 mittelgroße Karotten
300 ml Wasser
2 EL Öl
1 EL Mandelmus
1 EL Sojasauce
1 TL Essig
1 TL Kräutersalz
1/2 TL Curry
1/4 TL Paprika, edelsüß
1 Prise Muskat

Zubereitung

Die Karotten reiben und mit den restlichen Zutaten pürieren.

TOMATENSUPPE

Zutaten

4 Tomaten	1 TL Kräutersalz
2 EL Mandelmus	1/2 TL Sojasauce
1-2 TL Honig	1/2 TL Paprika, edelsüß
1 TL Öl	1/2 TL Oregano

Zubereitung

Die Tomaten kleinschneiden und mit den restlichen Zutaten pürieren.

AVOCADOCREME

Zutaten

2 große Avocados
6 EL Wasser
2 EL Dillspitzen
1 1/2 EL Sojasauce
1/2 TL Apfelessig
1/2 TL Kräutersalz
1 Prise Cayennepfeffer

Zubereitung

Die Avocados in Stücke schneiden und mit den restlichen Zutaten in einem Mixer mixen.

GURKENSUPPE

Zutaten

1/2 Gurke

1/2 Apfel

2 TL Dillspitzen oder frischer Dill

1 TL Öl

1 TL Kräutersalz

ein Schuß Essig

Zubereitung

Gurke und Apfel in kleine Stücke schneiden und mit den anderen Zutaten pürieren.

ROTE-BETE-SUPPE

Zutaten

2 mittelgroße rote Bete

1 Banane

400 ml Wasser

1 EL Öl

1 EL Essig

1 EL Honig

1 EL Dillspitzen

2 TL Kräutersalz

Zubereitung

Die rote Bete reiben und mit den restlichen Zutaten pürieren.

MAISCREMESUPPE

Zutaten

4 frische Maiskolben	1-2 TL Curry
300 ml Wasser	1 Prise Muskatnuß
3-4 EL Öl	Kräutersalz
2 EL Mandelmus	Pfeffer

Zubereitung

Die Maiskörner von den Kolben trennen und mit den restlichen Zutaten, außer dem Öl, pürieren. Bei laufendem Mixer das Öl langsam dazugeben.

GAZPACHO

Zutaten

1/2 Gurke
2 Tomaten
1 rote Paprikaschote
2 EL Öl
1 EL Zitronensaft
Oregano, Estragon
Kräutersalz, Pfeffer

Zubereitung

Das Gemüse kleinschneiden und mit den anderen Zutaten im Mixer pürieren.

BORSCHTSCH

Zutaten

2 mittelgroße rote Bete
1 Selleriestange
1 Karotte
150 g fein geschnittener Rotkohl
400 ml Wasser
2 EL ÖL
1 EL Essig
Kräutersalz, Pfeffer

Zubereitung

Die rote Bete und Karotte reiben. Selleriestange kleinschneiden und mit den restlichen Zutaten pürieren.

Salatkombinationen und Dressings

SALATKOMBINATIONEN

GURKENSALAT

Zutaten

Gurkenscheiben, Selleriestange, Alfalfasprossen, frischer Dill
dazu passende Sauce: *Dillsauce oder Kräutercreme*

SCHWEDISCHER WEIHNACHTSSALAT

Zutaten

Fein geriebener Weißkohl, kleingeschnittener Chinakohl, Orangenstück-chen, über Nacht eingeweichte Sonnenblumenkerne
als Sauce: *Orangensaft, Kräutersalz und Pfeffer*

HAPPY SALAD

Zutaten

Orangenstücke, geriebene Karotte, eingeweichte, kleingeschnittene Fei-gen, eingeweichte, kleingehackte Mandeln, über Nacht eingeweichte Sonnenblumenkerne
dazu passende Sauce: *Sauce Tropica*

ROTKOHL-APFELSALAT

Zutaten

Geriebener Rotkohl, geriebener Apfel, eingeweichte Rosinen, Sonnenblumenkeimlinge
dazu passende Sauce: *Italienische Sauce*

BLUMENKOHLSALAT

Zutaten

Blumenkohl geraffelt, Bananenstückchen, eingeweichte Rosinen, eingeweichte kleingehackte Mandeln
dazu passende Sauce: *Currysauce*

ROTE-BETE-SALAT

Zutaten

Geriebene rote Beete, gewürfelter Apfel, Avocado, Linsenkeimlinge
dazu passende Sauce: *Italienische Sauce*

KAROTTENSALAT

Zutaten

Fein geriebene Karotten, geriebener Apfel, eingeweichte Rosinen,
eingeweichte, geriebene Haselnüsse
dazu passende Sauce: *Zitronensauce*

FENCHELSALAT

Zutaten

Fenchelknolle, gewürfelter Apfel, geriebener Kohlrabi, gekeimte Mungbohnen
dazu passende Sauce: *Kräutercreme*

SPINAT-ZUCCHINISALAT

Zutaten

Fein gehackter Blattspinat, Zucchinischeiben, Avocado, Pinienkerne
dazu passende Sauce: *Käsesauce*

BROCCOLISALAT

Zutaten

Fein gehackter Broccoli, eingeweichte Algen, geriebene Karotten,
Roggen-Keimlinge
dazu passende Sauce: *Pikante Sauce*

SELLERIESALAT

Zutaten

Knollenselleriestückchen, geriebener Kohlrabi, Salatblätter, gewürfelter
Apfel, grüne Linsenkeimlinge
dazu passende Sauce: *Waldorfcreme*

POWERSALAT

Zutaten

Blattsalat, Avocado, gewürfelter Apfel, Alfalfasprossen, gekeimte grüne Linsen, gekeimte Mungbohnen, Sonnenblumenkeimlinge
dazu passende Sauce: *Leichte Senfsauce*

WALDORFSALAT

Zutaten

Selleriestange, gewürfelter Apfel, geriebener Weißkohl, gehackte Walnüsse, eingeweichte Rosinen
dazu passende Sauce: *Waldorfcreme*

SOMMERSALAT

Zutaten

Blattsalat, grüne, gelbe und rote Paprikastreifen, Gurke, Tomaten, Alfalfakeimlinge, Sonnenblumenkeimlinge
dazu passende Sauce: *Tomatensauce*

WINTERSALAT

Zutaten

Avocadostücke, Feldsalat, Zucchinistücke, gekeimte Kichererbsen
dazu passende Sauce: *Senfsauce*

ESSIG-DILL-GURKEN

Zutaten

ca. 1/4 Gurke

6 EL Wasser

2 EL Kräuteressig

1 TL Kräutersalz

1/2 TL Honig

einige frische Dillzweige

Zubereitung

Wasser, Essig, Honig und Kräutersalz zusammenmischen. Den Dill fein hacken, die Gurke in ganz dünne Scheiben schneiden und beides in die Flüssigkeit geben. Die Mischung sollte in einem verschließbaren Glas aufbewahrt und je nach Geschmack ein paar Tage gelagert werden. Der Essig-Sud kann durchaus mehrmals verwendet werden. Dabei sollte etwas frischer Dill und evtl. ein Schuß Essig nachgefüllt werden.

EINGELEGTES GEMÜSE

Zubereitung

In feine Streifen geschnittener Weißkohl, Rotkohl oder rote Bete in ein verschließbares Glas füllen, mit Vitapur (im Naturkostladen erhältliches Fermentgetränk) auffüllen und mindestens einige Tage ziehen lassen. Nach 24 Stunden muß evtl. etwas Vitapur nachgefüllt werden. Um einen etwas stärkeren Geschmack zu erhalten, kann man auch einen Schuß Essig hinzufügen.

SALATSAUCEN

ITALIENISCHE SAUCE

Zutaten

6 EL Öl
2-3 EL Essig
2-3 TL gemischte Salatkräuter
2 TL Kräutersalz
Pfeffer

Zubereitung

Kräuter und Gewürze mit dem Essig vermischen. Öl dazutun und alles kräftig umrühren.

PIKANTE SAUCE

Zutaten

2 EL Öl
2 EL Essig
2 EL Wasser
2-3 TL gemischte Salatkräuter

1 TL Kräutersalz
1/2 TL Honig
1 Prise Cayennepfeffer

Zubereitung

Alle Zutaten bis auf das Öl vermengen. Öl dazugeben und kräftig umrühren.

DILLSAUCE

Zutaten

2 EL Öl
2 EL Wasser
1 EL Zitronensaft
2 TL frischer Dill oder Dillspitzen
1 TL Honig
1/2 TL Kräutersalz

Zubereitung

Alle Zutaten bis auf das Öl miteinander vermengen. Öl dazugeben und kräftig umrühren.

LEICHTE SENFSAUCE

Zutaten

2 EL Wasser
1 EL Öl
1 EL Hefeflocken
1 TL Essig
1 TL Senf
1 TL Sojasauce
1/4 TL Honig

Zubereitung

Alle Zutaten zusammenrühren.

SENFSAUCE

Zutaten

2 EL Wasser

1 EL Mandelmus

2-3 TL Senf

1 TL Öl

1/2 TL Kräutersalz

1/4 TL Honig

1 Prise Cayennepfeffer

Zubereitung

Alle Zutaten zu einer geschmeidigen Sauce zusammenmischen.

CURRYSAUCE

Zutaten

3 EL Wasser	1/2 TL Honig
2 EL Mandelmus	1/2 TL Sojasauce
2 EL Öl	1/2 TL Kräutersalz
2 gehäufte TL Curry	1/2 TL Paprika, edelsüß

Zubereitung

Alle Zutaten miteinander vermengen.

KRÄUTERCREME

Zutaten

1 reife Avocado	1/2 TL Kräutersalz
2 EL Wasser	etwas Zitronensaft
1-2 TL gemischte Salatkräuter	

Zubereitung

Die Avocado mit den restlichen Zutaten pürieren.

KÄSESAUCE

Zutaten

8 EL Hefeflocken	1 TL Kräutersalz
6 EL Wasser	1/2 TL Curry
1 EL Mandelmus	1 Prise Cayennepfeffer

Zubereitung

Die Zutaten gut vermischen.

WALDORFCREME

Zutaten

1 Apfel	35 g gehackte Walnüsse
1 Selleriestange	2 EL Wasser, 2 EL Sojasauce

Zubereitung

Die Hälfte des Apfels mit den restlichen Zutaten pürieren. Die andere Hälfte des Apfels in kleine Stücke schneiden und unter die Sauce geben.

TOMATENSAUCE

Zutaten

2 Tomaten	1 TL Kräutersalz
1 TL Öl	1/2 TL Basilikum oder Oregano
1 TL Honig	1/4 TL Paprika

Zubereitung

Die Tomaten mit den restlichen Zutaten pürieren.

BIRNENSAUCE

Zutaten

1/2 reife Birne	1 TL Kräutersalz
2 EL Öl	1/2 TL Paprika, edelsüß
1 EL Wasser	1 Prise Cayennepfeffer

Zubereitung

Die Birne mit den restlichen Zutaten pürieren.

ZITRONENSAUCE

Zutaten

2 EL Zitronensaft	1 TL Kräutersalz
2 EL Wasser	1/4 TL Honig
1 EL Öl	etwas Pfeffer

Zubereitung

Alle Zutaten vermischen.

SAUCE TROPICA

Zutaten

1/2 Orange	1/4 TL Zimt
1 TL Öl	1/4 TL Honig
1/2 TL Sojasauce	1/4 TL Kräutersalz
1 Prise Cayennepfeffer	

Zubereitung

Alle Zutaten pürieren.

Brotaufstriche

PIKANTE BROTAUFSTRICHE

KRÄUTERBUTTER

Zutaten

70 g Mandeln,	1 TL Kräutersalz
ca. 5 Stunden eingeweicht	1 TL Schabziger Klee
3-4 EL Öl	1/2 TL Dillspitzen
3 EL Wasser	

Zubereitung

Die abgetropften Mandeln fein mahlen und mit den restlichen Zutaten zu einer geschmeidigen Masse vermengen. Im Kühlschrank hält sich diese Nußbutter einige Zeit frisch.

TOMATENCREME

Zutaten

2 Tomaten	1/2 TL Honig
8 EL Hefeflocken	1/2 TL Paprika, edelsüß
1 TL Kräutersalz	1/4 TL Senf
etwas Oregano	

Zubereitung

Die Tomaten pürieren. Die anderen Zutaten unter das Püree geben und alles gut vermengen. Diese Creme sollte möglichst frisch verzehrt werden.

SONNENBLUMENKERNPASTETE

Zutaten

8 EL Sonnenblumenkerne, über Nacht eingeweicht
8 EL Kürbiskerne, über Nacht eingeweicht
2 EL Sojasauce
Basilikum
Pfeffer

Zubereitung

Die abgetropften Kerne mit den restlichen Zutaten pürieren.

AVOCADOAUFSTRICH

Zutaten

1 Avocado	Kräutersalz
Zitronensaft	Pfeffer

Zubereitung

Die Avocado mit einer Gabel zerdrücken. Die anderen Zutaten vorsichtig unterrühren. Dieser Aufstrich sollte gleich aufgebraucht werden.

HUMMUS

Zutaten

6 EL Kichererbsen, über Nacht eingeweicht
1 1/2 EL Öl
1 TL Sojasauce
1/2 TL Kräutersalz
Pfeffer
evtl. etwas Senf

Zubereitung

Die Kichererbsen abtropfen lassen und mit den restlichen Zutaten pürieren. Die Paste kann im Kühlschrank aufbewahrt werden, schmeckt aber frisch am besten.

SPINAT-RICOTTA

Zutaten

50 g fein gehackter Spinat
1/2 Tasse Nußmasse, ungesüßt (s.S. 118-120)
Kräutersalz
Pfeffer

Zubereitung

Alle Zutaten vermengen.

KRÄUTERQUARK

Zutaten

8 EL fein gehackte, frische Gartenkräuter, z.B. Dill, Schnittlauch,
Petersilie und Majoran
1/2 Tasse Nußmasse, ungesüßt (s.S. 118-120)
Kräutersalz
Pfeffer

Zubereitung

Alle Zutaten miteinander vermischen.

STREICHKÄSE

Zutaten

8 EL Hefeflocken
1/2 Tasse Nußmasse, ungesüßt (s.S. 118-120)
1/2 EL Öl
1/2 TL Kräutersalz
1/2 TL Curry
1 Prise Cayennepfeffer

Zubereitung

Alle Zutaten vermischen. Dieser Käse sollte im Kühlschrank aufbewahrt
und bald verzehrt werden.

SCHNITTKÄSE I

Zutaten

8 EL Hefeflocken

40 g Nüsse

1 1/2 EL Wasser

1 EL Öl

1/2 TL Sojasauce

1/2 TL Curry

Zubereitung

Die Nüsse fein mahlen und mit den restlichen Zutaten vermengen. Der Nußkäse sollte im Kühlschrank aufbewahrt werden.

SCHNITTKÄSE II

Zutaten

8 EL Hefeflocken

4 EL Mandelmus

1/2 TL Kräutersalz

1/4 TL Paprika, edelsüß

1 Prise Cayennepfeffer

evtl. etwas Wasser

Zubereitung

Die Hefeflocken mit den Gewürzen vermengen und unter das Mandelmus geben. Alles gut vermengen und in der Hand, evtl. mit Zugabe von etwas Wasser, kräftig durchkneten. Kalt stellen.

KÄSESTREUSEL

Zutaten

8 EL Hefeflocken	1/2 TL Kräutersalz
2 EL Mandelmus	1/4 TL Paprika, edelsüß
20 g Mandeln	1 Prise Cayennepfeffer
3 TL Wasser	

Zubereitung

Die Mandeln fein mahlen und mit den restlichen Zutaten vermengen.
Mit einer Gabel zu kleinen Klümpchen verarbeiten.

SÜSSE BROTAUFSTRICHE

PFLAUMENMUS

Zutaten

25 entsteinte Trockenpflaumen, ca. 1 Stunde eingeweicht

1 EL Honig

1 TL Zimt

Zubereitung

Die Trockenpflaumen abtropfen lassen und mit Honig und Zimt pürieren. Das Mus in einen verschließbaren Behälter füllen und im Kühlschrank aufbewahren. Es ist einige Wochen haltbar.

APRIKOSENMUS

Zutaten

25 entsteinte Trockenaprikosen, ca. 1 Stunde eingeweicht

1 EL Honig

1/4 TL gemahlene Nelken

Zubereitung

Die abgetropften Aprikosen in kleine Stücke schneiden und mit Honig und dem Gewürz pürieren. Das Mus ist in einem verschließbaren Behälter im Kühlschrank mehrere Wochen haltbar.

DATTELCREME

Zutaten

10 entsteinte Datteln, ca. 1 Stunde eingeweicht

40 g Mandeln und/oder Haselnüsse, ca. 5 Stunden eingeweicht

1 TL Datteleinweichwasser

1/2 TL Bourbon Vanille

Zubereitung

Die Datteln abtropfen lassen, in kleine Stücke schneiden und mit dem Teelöffel Einweichwasser pürieren. Die abgetropften Nüsse fein mahlen, mit Bourbon Vanille vermischen und zu dem Dattelpüree geben. Alles gut vermengen und in ein verschließbares Glas füllen. Diese Creme ist im Kühlschrank einige Wochen haltbar.

FEIGENMUS

Zutaten

16 Feigen, ca. 1 Stunde eingeweicht
1 EL Honig

Zubereitung

Die abgetropften Feigen in kleine Stücke schneiden und mit Honig pürieren. Das Mus ist einige Wochen in einem verschlossenem Behälter im Kühlschrank haltbar.

HIMBEERMARMELADE

Zutaten

100 g Himbeeren
50 g Honig
2-3 gestrichene TL Apfelpektin
Zitronensaft

Zubereitung

Die Himbeeren mit den restlichen Zutaten pürieren. Die Marmelade im Kühlschrank aufbewahren und in wenigen Tagen aufbrauchen.

BLAUBEERMARMELADE

Zutaten

100 g Blaubeeren

50 g Honig

2-3 gestrichene TL Apfelpektin

Zitronensaft

Zubereitung

Alle Zutaten pürieren. Die Marmelade in einem verschließbaren Behälter im Kühlschrank aufbewahren und in wenigen Tagen aufbrauchen.

PFIRSICHMARMELADE

Zutaten

100 g reife Pfirsiche oder Nektarinen

50 g Honig

2-3 gestrichene TL Apfelpektin

Zitronensaft

Zubereitung

Die Pfirsiche in kleine Stücke schneiden und mit den restlichen Zutaten pürieren. Die Marmelade in ein Gefäß füllen und im Kühlschrank aufbewahren. Die Marmelade ist nur einige Tage haltbar.

ERDBEERMARMELADE

Zutaten

100 g Erdbeeren
50 g Honig
2-3 gestrichene TL Apfelpektin
Zitronensaft

Zubereitung

Alle Zutaten pürieren, in ein verschließbares Gefäß füllen und im Kühlschrank aufbewahren. Die Marmelade sollte innerhalb einiger Tage aufgebraucht werden.

KIWIMARMELADE

Zutaten

100 g Kiwifrüchte
50 g Honig
2-3 gestrichene TL Apfelpektin
Zitronensaft

Zubereitung

Die Kiwis schälen und in kleine Stücke schneiden. Alle Zutaten pürieren und die Marmelade in ein verschließbares Gefäß füllen. Im Kühlschrank ist sie einige Tage haltbar.

JOHANNISBEERMARMELADE

Zutaten

100 g Johannisbeeren
50 g Honig
2-3 gestrichene TL Apfelpektin
Zitronensaft

Zubereitung

Alle Zutaten pürieren, abfüllen und im Kühlschrank aufbewahren. So bald wie möglich aufbrauchen.

KIRSCHMARMELADE

Zutaten

100 g Kirschen
50 g Honig
2-3 gestrichen TL Apfelpektin
Zitronensaft

Zubereitung

Die Kirschen entsteinen und mit den restlichen Zutaten pürieren. Die Marmelade in einem Behälter im Kühlschrank aufbewahren und in wenigen Tagen aufbrauchen.

NUSSHONIG

Zutaten

60 g Haselnüsse und/oder Mandeln, ca. 5 Stunden eingeweicht
4 EL Honig
1 TL Zimt
1 TL Wasser

Zubereitung

Die abgetropften Nüsse fein mahlen und mit den restlichen Zutaten vermischen. Die Paste in ein verschließbares Glas füllen und im Kühlschrank aufbewahren. Sie ist einige Monate haltbar

CAROBHONIG

Zutaten

60 g Haselnüsse,	2 EL Carobpulver
ca. 5 Stunden eingeweicht	1 EL Wasser
4 EL Honig	2 TL Zimt

Zubereitung

Die Nüsse abtropfen lassen, fein mahlen und mit Carobpulver und Zimt vermischen. Honig und Wasser dazugeben und alles gut vermengen. Die Paste in ein verschließbares Glas füllen und im Kühlschrank aufbewahren. Dort ist sie einige Monate haltbar.

NUSSBUTTER

Zutaten

70 g Paranüsse oder Mandeln, ca. 5 Stunden eingeweicht

3 EL Wasser

2-3 EL Öl

1-2 TL Honig

evtl. etwas Zimt

Zubereitung

Die abgetropften Nüsse fein mahlen, mit den restlichen Zutaten vermengen und in ein verschließbares Gefäß füllen. Im Kühlschrank ist diese Butter einige Wochen haltbar.

Aus dem Nußbodenteig (s.S. 66) und dem Biskuitbodenteig (s.S. 67) kann man kleine Fladenbrote herstellen. Dazu den Teig dünn ausrollen, kleine Kreise ausstechen und bei 50 Grad im Ofen ca. 1/2 Stunde trocknen lassen.

Um ein deftiges Fladenbrot herzustellen, verwendet man den Nußbodenteig, ersetzt jedoch 2 EL Honig mit 1 EL Wasser und 1 EL Öl und fügt statt Zimt etwas Kräutersalz und Gewürze nach Belieben hinzu.

Aus angekeimten Getreide lassen sich auch schmackhafte Rohkostbrote herstellen. Allerdings benötigt man einen Fleischwolf, um die Körner zu einem Teig zu verarbeiten.

Ansonsten schmecken diese Brotaufstriche auch auf einem guten Vollkornbrot.

Kleingebäck

MÜSLIRIEGEL

APRIKOSENRIEGEL

Zutaten

14 entsteinte Trockenaprikosen, ca. 1 Stunde eingeweicht

8 EL Hafer

70 g Mandeln und/oder Haselnüsse

2 EL Rosinen

2 EL Sonnenblumenkerne

1/2 EL Honig

1 TL Öl

2 MS gemahlene Nelken

Zubereitung

Den Hafer zu Flocken quetschen. Die Nüsse fein mahlen und mit den Haferflocken, Sonnenblumenkernen und Nelkenpulver vermischen. Die Aprikosen abtropfen lassen. Die Hälfte der Aprikosen kleinschneiden und zu den trockenen Zutaten geben. Die andere Hälfte der Aprikosen mit Öl und Honig pürieren und zu den anderen Zutaten geben. Alles zu einer geschmeidigen Masse verkneten und 1/2 -1 cm dicke, 6 cm lange Rechtecke formen. Diese im Ofen bei 50 Grad ca. 1 Stunde trocknen lassen.

ZIMTRIEGEL

Zutaten

14 entsteinte Trockenpflaumen,	2 EL Sonnenblumenkerne
ca. 1 Stunde eingeweicht	1/2 EL Honig
8 EL Hafer	3 TL Zimt
70 g Nüsse	1 TL Öl
2 EL Rosinen	

Zubereitung

Den Hafer zu Flocken quetschen. Die Nüsse fein mahlen und mit den Haferflocken, Rosinen, Sonnenblumenkernen und Zimt vermischen. Die Pflaumen abtropfen lassen und die Hälfte der Pflaumen mit Öl und Honig pürieren. Die andere Hälfte in kleine Stücke schneiden und mit dem Püree zu den trockenen Zutaten geben. Alles gut vermischen, kneten und zu ca. 1/2-1 cm dicke, ca. 6 cm lange Riegeln formen. Diese bei 50 Grad im Ofen ca. 1 Stunde, evtl. etwas länger, trocknen lassen.

BERGSTEIGERRIEGEL

Zutaten

10 entsteinte Datteln, ca. 1 Stunde eingeweicht

8 EL Hafer

70 g Mandeln

2 EL Rosinen

2 EL Sonnenblumenkerne

1 TL Öl

1/2 TL Bourbon Vanille

Zubereitung

Den Hafer zu Flocken quetschen. Die Mandeln fein mahlen und mit den Haferflocken, Rosinen, Sonnenblumenkernen und Vanille vermischen. Die Datteln abtropfen lassen und mit Öl pürieren. Das Püree zu den anderen Zutaten geben und alles gut verkneten. Aus dem Teig ca. 1/2-1 cm dicke und ca. 6 cm lange Rechtecke formen und im Ofen bei 50 Grad ca. 1 Stunde trocknen lassen.

KARIBIKRIEGEL

Zutaten

10 entsteinte Datteln, ca. 1 Stunde eingeweicht

8 EL Hafer

60-70 g Nüsse

4 geh. EL Kokosraspeln

2 EL Sonnenblumenkerne

1/2 EL Honig, 1 TL Öl

Zubereitung

Den Hafer zu Flocken quetschen. Die Nüsse fein mahlen und mit den Haferflocken, Kokosrapeln und Sonnenblumenkernen vermischen. Die Datteln abtropfen lassen und mit Honig und Öl pürieren. Das Püree zu den anderen Zutaten geben und alles zu einem Teig verkneten. Dann ca. 1/2-1 cm dicke, ca. 6 cm lange Riegel formen und diese bei 50 Grad ca. 45 Minuten trocknen lassen.

NUSS-GRANOLARIEGEL

Zutaten

1 kleine Banane	2 EL gehackte Haselnüsse
8 EL Hafer	1 TL Honig
70 g Nüsse	1 TL Öl
2 EL Sonnenblumenkerne	etwas Muskatnuß

Zubereitung

Den Hafer zu Flocken quetschen. Die Nüsse fein mahlen und mit den Haferflocken, Sonnenblumenkernen, gehackten Nüssen und Muskat vermischen. Die Banane mit Honig und Öl pürieren und zu den anderen Zutaten geben. Die Masse kneten, in 1/2-1 cm dicke, 6 cm lange Rechtecke formen und die Riegel ca. 1 Stunde bei 50 Grad im Ofen trocknen lassen. Dieser Müsliriegel ist wegen der Banane nur wenige Tage im Kühlschrank haltbar.

CAROBRIEGEL

Zutaten

8 Feigen, ca. 1 Stunde eingeweicht
8 EL Hafer
60-70 g Nüsse
2 EL gehackte Haselnüsse
2 EL Sonnenblumenkerne
1-2 EL Carobpulver
1/2 EL Honig
1 TL Öl, 1 TL Zimt

Zubereitung

Den Hafer zu Flocken quetschen. Die Nüsse fein mahlen und mit den Haferflocken, gehackten Nüssen, Sonnenblumenkernen, Carobpulver und Zimt vermischen. Die Feigen abtropfen lassen und die Hälfte der Feigen mit Honig und Öl pürieren. Die andere Hälfte in kleine Stücke schneiden und mit dem Püree zu den anderen Zutaten geben. Alles mischen, kneten und zu ca. 1/2-1 cm dicken, ca. 6 cm langen Riegeln formen und ca. 1 Stunde bei 50 Grad im Ofen trocknen lassen.

LEBKUCHEN

Zutaten

70 g Mandeln

2 entsteinte Datteln, ca. 1 Stunde eingeweicht

2 Feigen, ca. 1 Stunde eingeweicht

2 entsteinte Trockenaprikosen, ca. 1 Stunde eingeweicht

2 EL Weizenkörner

1 EL Honig

1 gehäufter TL Lebkuchengewürz

Zubereitung

Die Mandeln und den Weizen fein mahlen, gut vermengen und das Gewürz daruntermischen. Die Datteln abtropfen lassen, mit Honig und ein wenig von den trockenen Zutaten pürieren und zu dem restlichen Mehlgemisch geben. Die abgetropften, in kleine Stücke geschnittenen Feigen und Aprikosen daruntermischen und alles zu einem festen Teig verkneten. Kleine, aprikosengroße Bällchen formen und zwischen den Handballen platt drücken. Die Lebkuchen bei 50 Grad ca. eine 3/4 Stunde trocknen lassen.

APFELTASCHEN

Zutaten

1/2 Portion Biskuitboden (s.S. 67)
Füllung:
1 mittelgroßer Apfel
3 EL Rosinen, ca. 1 Stunde eingeweicht
1 EL Honig
1/2 TL Zimt

Zubereitung

Den Teig in zwei gleich große Stücke teilen und diese zu zwei dünnen Quadraten ausrollen.
Den Apfel in kleine Stücke schneiden und mit den restlichen Zutaten vermengen. Die Füllung gleichmäßig auf die Teigquadrate verteilen, diese quer über die Diagonale zusammenklappen und die Ränder zusammendrücken. Die Teigtaschen ca. 1/2 Stunde im Ofen bei 50 Grad trocknen lassen.

OBSTNEST

Zutaten

1/2 Portion Biskuitboden (s.S. 67)
Füllung:
1 Portion Vanilleguß (s.S. 75)
1 Pfirsich, einige Erdbeeren, Heidelbeeren oder Himbeeren

Zubereitung

Den Tortenboden in zwei gleich große Stücke teilen und zu zwei dünnen Quadraten ausrollen. In die Mitte jedes Quadrats jeweils die Hälfte von dem Vanilleguß geben und das Obst darüber verteilen. Die Ecken des Teigquadrats in die Mitte falten und ein wenig andrücken. Die fertigen Obstnester ca. 1/2 Stunde bei 50 Grad im Ofen trocknen lassen.

NUSSGIPFELI

Zutaten

1/2 Portion Biskuitboden (s.S. 67)

Füllung:

60 g Haselnüsse, ca. 5 Stunden eingeweicht

6 entsteinte Datteln, ca. 1 Stunde eingeweicht

1 EL Honig

1/4 TL Zimt

Zubereitung

Den Teig in zwei gleiche Teile teilen, zu dünnen Quadraten ausrollen und diagonal durchschneiden, so daß man 4 Dreiecke erhält.

Die Haselnüsse abtropfen lassen und fein mahlen. Die Datteln abtropfen lassen und mit Honig und Zimt pürieren und zu den Nüssen geben. Alles gut vermengen. Die Füllung gleichmäßig auf die lange Seite der Dreiecke geben. Die Dreiecke nun von der langen Kante ausgehend einrollen und die Enden etwas eindrehen. Die Hörnchen bei 50 Grad im Ofen ca. 1/2 Stunde trocknen lassen.

MANDELHÖRNCHEN

Zutaten

1 Portion Mandelplätzchenteig (s.S. 55)
Carobpulver,
einige Mandeln

Zubereitung

Den Mandelplätzchenteig in eine 1-2 cm dicke Rolle rollen und in Stücke von ca. 5 cm Länge teilen. Diese in gemahlenen Mandeln wälzen, flach drücken, die Enden etwas nach innen krümmen und mit etwas Carobpulver bestreuen.

WEIHNACHTSKEKSE

Zutaten

40 g Mandeln,	2 EL Honig
ca. 5 Stunden eingeweicht	1 TL Öl
40 g Haselnüsse,	1 TL Zimt
ca. 5 Stunden eingeweicht	etwas Muskatnuß
4 EL Weizenkörner	etwas gemahlene Nelken

Zubereitung

Die abgetropften Mandeln und den Weizen fein mahlen. Die Haselnüsse abtropfen lassen, mittelfein mahlen und mit dem Mandel-Mehlgemisch und dem Gewürz vermischen. Honig und Öl dazugeben und alles zu einem geschmeidigen Teig verkneten. Den Teig zwischen zwei

Backpapieren ausrollen, Sternchen ausstechen und diese bei 50 Grad ca. eine 1/2 Stunde im Ofen trocknen lassen. Je nach Belieben können die Kekse mit Zitronenguß (s.S. 78) bestrichen werden.

KOKOSMAKRONEN

Zutaten

7-8 EL Kokosraspeln

40 g Mandeln

1 1/2 EL Honig

2 TL Wasser

Zubereitung

Die Mandeln fein mahlen und mit den Kokosraspeln vermischen. Honig und Wasser dazugeben, zu einer geschmeidigen Masse verarbeiten, in kleine aprikosengroße Bällchen formen und bei 50 Grad ca. eine 1/2 Stunde trocknen lassen.

VANILLEPLÄTZCHEN

Zutaten

70-80 g Paranüsse

10 entsteinte Datteln, ca. 1 Stunde eingeweicht

4 EL Weizenkörner

1/2 TL Bourbon Vanille

Zubereitung

Die Paranüsse und Weizenkörner fein mahlen und mit Vanille vermengen. Die Datteln abtropfen lassen, pürieren und unter die Mehlmischung geben. Alles zu einem Teig verkneten, in kleine aprikosengroße Bällchen formen und mit einer Gabel plattdrücken. Die Plätzchen bei 50 Grad ca. eine 1/2 Stunde trocknen lassen.

HAFERKEKSE

Zutaten

8 EL Hafer

40 g Nüsse, ca. 5 Stunden eingeweicht

2 EL Rosinen, ca. 2 Stunden eingeweicht

2 EL Honig

1 TL Zimt,

1 TL Öl

Zubereitung

Den Hafer zu Flocken quetschen. Die Nüsse abtropfen lassen, fein mahlen und mit den Haferflocken und Zimt vermischen. Die Rosinen abtropfen lassen und daruntermischen. Honig und Öl dazugeben und alles zu einem feuchten Teig vermischen. Aus dem Teig kleine Plätzchen formen und bei 50 Grad ca. eine Stunde trocknen lassen.

MANDELPLÄTZCHEN

Zutaten

70 g Mandeln	1 TL Wasser
2 EL Weizenkörner	1/2 TL Öl
2 EL Honig	

Zubereitung

Die Mandeln und Weizenkörner fein mahlen und vermischen. Honig, Wasser und Öl dazugeben und alles zu einem geschmeidigen Teig verarbeiten. Kleine Bällchen formen, plattdrücken und bei 50 Grad ca. 1/2 Stunde trocknen lassen.

CAROBPLÄTZCHEN

Zutaten

60-70 g Haselnüsse	1 TL Wasser
2 1/2 EL Honig	1/2 TL Öl
2 EL Weizenkörner	etwas Zimt
1 geh. EL Carobpulver	

Zubereitung

Die Haselnüsse und Weizenkörner fein mahlen und mit Carobpulver und Zimt gut vermischen. Honig, Wasser und Öl dazugeben und alles zu einem Teig verkneten. Kleine Bällchen formen, plattdrücken und evtl. bei 50 Grad ca. 15 Minuten trocknenlassen, je nach Feuchtigkeitsgehalt.

NUSSMARMELADENTALER

Zutaten

40 g Nüsse, ca. 5 Stunden eingeweicht

4 EL Weizenkörner

6 entsteinte Datteln, ca. 1 Stunde eingeweicht

Marmelade nach Geschmack (s. unter Brotaufstriche)

Zubereitung

Die abgetropften Nüsse und Weizenkörner fein mahlen. Die Datteln abtropfen lassen, mit den gemahlenen Nüssen pürieren und zu dem Getreide geben. Die Masse gut verkneten, zu kirschgroßen Bällchen formen und etwas plattdrücken. In der Mitte mit dem Daumen eine Mulde hineindrücken und etwas Marmelade hineingeben. Die Kekse bei 50 Grad ca. eine Stunde trocknen lassen.

SCHWEDISCHE PFEFFERKUCHEN

Zutaten

70 g Mandeln

6 entsteinte Datteln, ca. 1 Stunde eingeweicht

2 EL Weizenkörner

1 gehäufter TL Gewürzmischung

Die Gewürzmischung besteht aus:

1 1/2 TL Zimt

1 TL gemahlene Nelken

1/4 TL Kardamom

Zubereitung

Die Mandeln und Weizenkörner fein mahlen und mit der Gewürzmischung vermengen. Die Datteln abtropfen lassen, pürieren und unter das Mandel-Mehlgemisch geben. Alles zu einem festen Teig verkneten, zwischen zwei Backpapieren dünn ausrollen und Plätzchen ausstechen. Diese im Ofen bei 50 Grad ca. eine 1/2 Stunde trocknen lassen.

APRIKOSENTALER

Zutaten

14 entsteinte Trockenaprikosen, ca. 1 Stunde eingeweicht

100 g Mandeln

4 EL Weizenkörner

1 EL Honig

1/2 TL gemahlene Nelken

Zubereitung

Die Mandeln und Weizenkörner fein mahlen und mit Nelkengewürz vermengen. Die Aprikosen abtropfen lassen und pürieren. Das Püree und Honig zu den anderen Zutaten geben und alles zu einem Teig verkneten. Den Teig so dünn wie möglich ausrollen und Plätzchen ausstechen. Diese bei 50 Grad ca. eine 1/2 Stunde trocknen lassen.

Kuchen und Torten

KUCHEN

Für die Kuchenrezepte ist eine Springform mit 15 cm Durchmesser geeignet. Die Form sollte immer mit Backpapier ausgelegt werden.

KAROTTENKUCHEN

Zutaten

1 Karotte	4 EL Weizenkörner
80 g Mandeln	2 EL Honig
6 entsteinte Datteln,	1/2 EL Mandelmus
ca. 1 Stunde eingeweicht	etwas Zitronensaft
4 EL Dinkelkörner	

Zubereitung

Die Mandeln und das Getreide fein mahlen. Die Karotte fein reiben, mit etwas Zitronensaft beträufeln und unter das Mandel-Getreidegemisch geben. Die abgetropften Datteln mit Honig, Mandelmus und 2 EL der Mandel-Getreidemischung pürieren. Das Püree zu dem restlichen Gemisch geben und alles gut verkneten. Den Teig in eine Springform geben und bei 50 Grad im Ofen ca. 1 Stunde trocknen lassen. Dieser Kuchen sollte frisch verzehrt werden.

NUSSKUCHEN

Zutaten

120 g Haselnüsse, ca.5 Stunden eingeweicht

70 g Mandeln

60 g Haselnüsse

10 entsteinte Datteln, ca. 1 Stunde eingeweicht

2 EL Zitronensaft

1 EL Honig

1 Portion Zitronenguß (s.S. 78)

Zubereitung

Alle Nüsse fein mahlen. Die abgetropften Datteln mit Honig und Zitronensaft pürieren und zu den gemahlenen Nüssen geben. Alles gut verkneten und gleichmäßig in eine Springform drücken. Den Kuchen ca. 1/2 Stunde bei 50 Grad im Ofen trocknen und danach aus der Springform nehmen und mit dem Guß bestreichen.

CAROBKUCHEN

Zutaten

120 g Haselnüsse, ca. 5 Stunden eingeweicht

70 g Mandeln und /oder Haselnüsse

8 Feigen, ca. 1 Stunde eingeweicht

6 entsteinte Datteln, ca. 1 Stunde eingeweicht

3 EL Carobpulver

1 Portion Carobguß (s. S. 76)

Zubereitung

Die Nüsse fein mahlen und mit dem Carobpulver vermengen. Die Feigen und Datteln abtropfen lassen und pürieren. Das Püree zu den anderen Zutaten geben und alles gut vermischen. Den Teig in eine Springform geben und mit dem Carobguß bestreichen. Den Kuchen bis zum Verzehr kaltstellen.

BANANENKUCHEN

Zutaten

140 g Mandeln

60 g Haselnüsse

6 entsteinte Datteln, ca. 1 Stunde eingeweicht

1 1/2 Bananen

Zubereitung

Eine Banane mit den abgetropften Datteln pürieren. Die Nüsse fein mahlen und unter das Püree mischen. Die restliche halbe Banane in kleine Stücke schneiden und vorsichtig mit dem Püree vermischen. Alles zu einem geschmeidigen Teig verkneten und in eine Springform geben. Den Kuchen ca. 1 Stunde im Ofen bei 50 Grad trocknen lassen. Dieser Kuchen schmeckt frisch am besten und sollte noch am gleichen Tag verzehrt werden.

TROPICAKUCHEN

Zutaten

140 g Mandeln, ca. 5 Stunden eingeweicht

10 entsteinte Datteln, ca. 5 Stunden eingeweicht

7-8 EL Kokosrapeln

2 EL Dinkel

1/2 TL Bourbon Vanille

1 EL Einweichwasser

Zubereitung

Den Dinkel und die abgetropften Mandeln fein mahlen und mit Kokos-raspeln und Vanille vermengen. Die Datteln abtropfen lassen und mit dem Einweichwasser pürieren. Das Püree zu den anderen Zutaten geben und alles zu einem Teig verkneten. Diesen dann in eine Springform geben, plattdrücken und bis zum Verzehr kaltstellen.

STOLLEN

Zutaten

120 g Mandeln, ca. 5 Stunden eingeweicht

6 entsteinte Datteln, ca. 1 Stunde eingeweicht

4 EL Weizenkörner

3 EL Dinkelkörner

3 EL Rosinen, ca. 1 Stunde eingeweicht

3 Trockenfeigen, ca. 1 Stunde eingeweicht

3 Trockenaprikosen, ca. 1 Stunde eingeweicht

2 EL Honig

Zubereitung

Die abgetropften Mandeln und das Getreide fein mahlen. Die Feigen und Aprikosen abtropfen lassen, in kleine Stücke schneiden und mit den abgetropften Rosinen vermischen. Die abgetropften Datteln mit Honig pürieren, die Trockenfrüchte untermischen und alles zu der Mandel-Getreidemischung geben. Diese Masse gut verkneten, zu einem Laib formen und bei 50 Grad im Ofen ca. 1 Stunde trocknen lassen.

PFLAUMEN-NUSSKUCHEN

Zutaten

140 g Mandeln, ca. 5 Stunden eingeweicht

60 g Haselnüsse

8 entsteinte Trockenpflaumen, ca. 1 Stunde eingeweicht

6 entsteinte Trockenpflaumen

1 EL Honig

1/2 TL Zimt

Zubereitung

Die abgetropften Mandeln und die Haselnüsse fein mahlen und mit dem Zimt vermengen. Die Trockenpflaumen abtropfen lassen und mit Honig pürieren. Die nichteingeweichten Trockenpflaumen in kleine Stücke schneiden und unter das Püree geben. Das Püree zu den anderen Zutaten geben und alles gut vermischen. Den Teig in eine Springform geben, glattstreichen und bei 50 Grad im Ofen ca. eine 1/2 Stunde trocknen lassen.

GEWÜRZKUCHEN

Zutaten

120 g Mandeln,	2 EL Honig
ca. 5 Stunden eingeweicht	Gewürzmischung:
60 g Haselnüsse	1 TL Zimt
4 EL Weizen	1/2 TL Nelken
3 EL Rosinen,	1/4 TL Kardamom
ca. 5 Stunden eingeweicht	

Zubereitung

Die Nüsse und das Getreide fein mahlen und mit der Gewürzmischung vermengen. Die abgetropften Rosinen mit dem Honig pürieren, zu den übrigen Zutaten geben und alles gut verkneten. Den Teig in eine Springform geben und glattstreichen.

NUSSROLLE MIT BEERENFÜLLUNG

Zutaten

Teig:	200 g Beeren nach Wahl
1 Portion Biskuitboden (s.S. 67)	4 EL Mandelmus
Füllung:	2 El Honig

Zubereitung

Die Beeren mit Mandelmus und Honig vermengen und auf den ausgerollten Teig geben. Diesen zusammenrollen und gleich servieren.

APFELROLLE

Zutaten

Teig:
1 Portion Biskuitboden (s.S. 67)
Füllung:
1 Portion Apfelmus (s.S. 85)

Zubereitung

Das Apfelmus gleichmäßig auf den zu einem Rechteck ausgerollten Teig streichen und zusammenrollen. Die Rolle bei 50 Grad im Ofen 1/2 Stunde trocknen lassen.

ZITRONENCREMEROLLE

Zutaten

Teig:
1 Portion Biskuitboden (s.S. 67)
Füllung:
2 Portionen Zitronenguß (s.S. 78)

Zubereitung

3/4 von dem Guß auf den ausgerollten Teig streichen und diesen dann zusammenrollen. Bei 50 Grad im Ofen ca. 1/2 Stunde trocknen lassen. Vor dem Servieren mit dem restlichen Guß dekorieren.

ZIMTCREMEROLLE

Zutaten

Teig:

1 Portion Biskuitboden (s.S. 67)

Füllung:

2 Portionen Zimtguß (s.S. 77)

Zubereitung

3/4 von dem Zimtguß auf den ausgerollten Teig streichen, zu einer Rolle zusammenrollen und bei 50 Grad im Ofen ca. 1/2 Stunde trocknen lassen. Den Kuchen mit dem restlichen Guß bestreichen.

TORTENBÖDEN

Für diese Böden eignet sich eine Springform mit ca. 24 cm Durchmesser, die mit Öl eingerieben werden sollte.

TROCKENFRUCHTBODEN

Zutaten

140 g Haselnüsse und/oder Mandeln

14 entsteinte Trockenpflaumen

8 Feigen, ca. 1 Stunde eingeweicht

4 EL Weizenkörner

Zubereitung

Die Nüsse und Weizenkörner fein mahlen und vermischen. Die abgetropften Feigen mit ca. 2 EL des Nußmehls pürieren. Die Trockenpflaumen in kleine Stücke schneiden und unter das Püree geben. Das Püree
zu den übrigen Zutaten geben und alles zu einen festen Teig verkneten.
Den Teig zwischen 2 Backpapieren zu einem dünnen Fladen mit ca. 30
cm Durchmesser ausrollen und in eine Springform legen, so daß auch
die Seiten der Kuchenform einige Zentimeter hoch mit dem Teig
bedeckt werden. Den Tortenboden bei 50 Grad im Ofen ca. 1 Stunde
trocknen lassen.

NUSSBODEN

Zutaten

180 g Nüsse, ca. 5 Stunden eingeweicht

8 EL Weizenkörner

2 EL Honig

2 EL Wasser

1 TL Zimt

etwas Muskatnuß

Zubereitung

Die abgetropften Nüsse und Weizenkörner fein mahlen und mit dem
Gewürz vermischen. Honig und Wasser dazugeben und alles zu einem
Teig verkneten. Den Teig in eine Springform geben und mit der Hand
entlang des Bodens und einige Zentimeter den Rand hinauf drücken.
Den Boden bei 50 Grad im Ofen ca. eine 1/2 Stunde trocknen lassen.

BISKUITBODEN

Zutaten

40 g Mandeln	4 EL Dinkel
10 entsteinte Datteln,	1-2 EL Einweichwasser
ca. 1 Stunde eingeweicht	1/2-1 TL Öl
8 EL Weizenkörner	1/2 TL Bourbon Vanille

Zubereitung

Das Getreide und die Mandeln fein mahlen und mit Vanille vermischen. Die abgetropften Datteln mit Öl und Einweichwasser pürieren und zu den übrigen Zutaten geben. Alles zu einem Teig verkneten und diesen dann zwischen 2 Backpapieren zu einem dünnen Fladen mit ca. 30 cm Durchmesser ausrollen. Diesen Fladen in eine Springform geben und den Rand glatt andrücken. Den Tortenboden bei 50 Grad im Ofen ca. eine 1/2 Stunde trocknen lassen.

TORTEN

BANANENCREMETORTE

Zutaten

Boden: Nußboden (s.S. 66)	1 EL Honig
4 Bananen	3 TL Apfelpektin
80 g Mandeln	1/4 TL Bourbon Vanille
6 entsteinte Datteln,	etwas Zitronensaft
ca. 1 Stunde eingeweicht	

Zubereitung

Die Mandeln fein mahlen und mit Vanille und Apfelpektin vermischen. Die Datteln abtropfen lassen und mit Honig und einigen Eßlöffeln gemahlenen Mandeln pürieren. 3 Bananen mit einer Gabel zerdrücken und unter das Püree mischen. Das Püree zu den gemahlenen Mandeln geben, kräftig durchmischen und auf den vorgetrockneten Tortenboden geben. Die Torte kalt stellen und vor dem Servieren mit der vierten Banane dekorieren.

GEDECKTER APFELKUCHEN

Zutaten

Boden und Decke: 2 Portionen Biskuitboden (s.S. 67)

4 Äpfel

4 Feigen, ca. 1 Stunde eingeweicht

4 EL Rosinen, ca. 1 Stunde eingeweicht

1 EL Honig

etwas Zitronensaft

1 Portion Marzipan (s.S. 91)

Zubereitung

Die Äpfel und die abgetropften Feigen in kleine Stücke schneiden und mit den Rosinen, Honig und Zitronensaft vermengen. Das Marzipan raspeln und unter die Apfelmischung geben. Die Mischung in den vorgetrockneten Tortenboden füllen. Die zweite Portion Biskuitboden zwischen zwei Backpapieren dünn ausrollen und als Decke auf die Torte geben. Diese bei 50 Grad im Ofen ca. eine 3/4 Stunde trocknen lassen.

KIRSCHSTREUSEL

Zutaten

Boden: Nußboden (s.S. 66)	Paranußmasse (s.S. 119-120)
300 g Süßkirschen	1 EL Honig
4 Tassen gesüßte	1 Portion Nußstreusel (s.S. 79)

Zubereitung

Die Kirschen entsteinen, mit Honig vermischen und unter die Paranuß-masse geben. Alles gut vermengen und in den vorgetrockneten Torten-boden geben. Die Nußstreusel gleichmäßig auf der Torte verteilen und bis zum Verzehr kaltstellen.

APFELKUCHEN

Zutaten

Boden: Biskuitboden (s.S. 67)	2 EL Honig
3 große Äpfel	1/2 TL Zimt
3 EL Rosinen,	etwas Zitronensaft
ca. 1 Stunde eingeweicht	1 Portion Nußstreusel (s.S. 79)

Zubereitung

2 Äpfel in dünne Scheiben schneiden, mit Zitronensaft, Honig und Zimt vermischen und ca. 1/2 Stunde ziehen lassen. Die Rosinen abtropfen lassen, unter die Apfelscheiben mischen und alles auf den vorgetrockne-ten Tortenboden geben. Den dritten Apfel pürieren und das Mus auf die Apfelscheiben im Tortenboden geben. Die Nußstreusel gleichmäßig darüber verteilen.

KÄSEKUCHEN

Zutaten

Boden: Trockenfruchtboden (s.S. 65)

4 Tassen Paranußmasse ungesüßt (s.S. 120)

1 Apfel

6 EL Rosinen, ca. 1 Stunde eingeweicht

1 TL Honig

1/2 TL Bourbon Vanille

Zubereitung

Eine Hälfte des Apfels in kleine Stücke schneiden, mit den abgetropften Rosinen, Honig und Vanille unter die Paranußmasse geben. Alles gut vermengen, auf den vorgetrockneten Tortenboden geben und glatt streichen. Die Torte kaltstellen. Vor dem Servieren mit der anderen Hälfte des Apfels dekorieren.

PFLAUMENKUCHEN

Zutaten

Boden: Nußboden (s.S. 66)

10 frische, reife Pflaumen

1 Banane

80 g Mandeln

8 entsteinte Trockenpflaumen, ca. 1 Stunde eingeweicht

1 EL Honig

1 MS gemahlene Nelken

1 Portion Zimtguß (s.S. 77)

Zubereitung

Die abgetropften Trockenpflaumen mit Honig pürieren. Die Banane mit einer Gabel zerdrücken und unter das Püree mischen. Die Mandeln fein mahlen und mit dem Gewürz zu den anderen Zutaten geben. Alles gut vermengen und auf den vorgetrockneten Tortenboden streichen. Die Pflaumen halbieren, gleichmäßig auf dem Püree arrangieren und mit dem Zimtguß übergießen. Die Torte bis zum Verzehr kaltstellen.

ERDBEERTORTE

Zutaten

Boden: Trockenfruchtboden (s.S. 65)	1 Banane
500 g Erdbeeren	1 Portion Vanilleguß (s.S. 75)

Zubereitung

Die Banane zerdrücken, unter den Vanilleguß mischen und dann auf den vorgetrockneten Tortenboden geben. Die kleingeschnittenen Erdbeeren gleichmäßig über den Guß verteilen.

BIRNENTORTE

Zutaten

Boden: Nußboden (s.S. 66)	ca. 1 Stunde eingeweicht
3 reife Birnen	1 EL Honig
80 g Mandeln,	1 Portion Bananen-
ca. 5 Stunden eingeweicht	Zitronenguß (s.S. 76)
10 entsteinte Datteln,	

Zubereitung

Die Mandeln abtropfen lassen und fein mahlen. Die abgetropften Datteln mit Honig und einer halben Birne pürieren und mit den feingemahlenen Mandeln vermengen. Diese Masse in den vorgetrockneten Tortenboden geben und glattstreichen. Die restlichen Birnen längs in Scheiben schneiden und leicht in die Masse drücken. Den Guß darübergeben und bis zum Servieren kaltstellen.

HIMBEERTORTE

Zutaten

Boden: Nußboden (s.S. 66)
200-250 g Himbeeren
2 Bananen
80 g Mandeln
10 entsteinte Datteln, ca. 1 Stunde eingeweicht
2 EL Honig

Zubereitung

Die abgetropften Datteln mit Honig und der Hälfte der Himbeeren pürieren. Die Mandeln fein mahlen und unter das Püree mischen. Die Bananen in kleine Stücke schneiden, mit dem Rest der Himbeeren vermischen und unter die pürierte Masse geben. Alles gut vermischen, auf den getrockneten Tortenboden geben und die Torte mehrere Stunden kaltstellen.

OBSTTORTE

Zutaten

Boden: Nußboden (s.S. 66)	oder 400 g Erdbeeren
Obst nach Wahl, z.B.:	und 300 g Blaubeeren
3 Pfirsiche und 250 g Himbeeren	2 EL Honig
oder 800 g Süßkirschen	3 TL Apfelpektin

Zubereitung

Je nach Obstwahl: 2 Pfirsiche, 250 g Kirschen oder 250 g Erdbeeren mit Honig und Apfelpektin pürieren. Das restliche Obst gleichmäßig auf den vorgetrockneten Tortenboden verteilen und das Püree darübergeben. Die Torte vor dem Servieren kaltstellen.

BLAUBEERTORTE

Zutaten

Boden: Nußboden (s.S. 66)

250 g Blaubeeren

1 Tasse gesüßte Nußmasse

2 Bananen

2 EL Honig

Zubereitung

Die Bananen zerdrücken, mit der Nußmasse vermengen und in den vorgetrockneten Tortenboden füllen. Die Blaubeeren mit dem Honig verrühren und auf der Nußmasse verteilen. Die Torte vor dem Verzehr kaltstellen.

CAROBCREMETORTE

Zutaten

Boden: Biskuitboden (s.S. 67)
6 mittelgroße Bananen
80 g Mandeln
60 g Haselnüsse
6 EL Carobpulver
3-4 EL Honig

Zubereitung

Die Nüsse fein mahlen und mit Carobpulver vermengen. Die Bananen mit einer Gabel zerdrücken und mit Honig vermischen. Das Bananenpüree zu den anderen Zutaten geben, alles gut vermengen und auf den vorgetrockneten Tortenboden geben. Die Torte bis zum Servieren kaltstellen.

Toppings und süße Saucen

KUCHENGUSS

VANILLEGUSS

Zutaten

40 g Mandeln	2 EL Einweichwasser
6 entsteinte Datteln,	1 EL Honig
ca. 1 Stunde eingeweicht	1/4 TL Bourbon Vanille

Zubereitung

Die Datteln mit dem Einweichwasser pürieren. Die Mandeln fein mahlen und unter das Püree geben. Honig und Vanille dazugeben und alles gut vermischen. Den Guß kühl stellen, bis man ihn auf den Kuchen streicht.

PFEFFERMINZGUSS

Zutaten

40 g Mandeln	2 EL Honig
6 entsteinte Datteln,	1 EL Einweichwasser
ca. 1 Stunde eingeweicht	1 kleiner Tropfen Pfefferminzöl

Zubereitung

Die Datteln mit Honig, Einweichwasser und Pfefferminzöl pürieren. Die Mandeln fein mahlen und unter das Püree geben. Den Guß bis zur weiteren Verwendung kühl stellen.

CAROBGUSS

Zutaten

40 g Haselnüsse	2 EL Carobpulver
6 entsteinte Datteln,	2 EL Honig
ca. 1 Stunde eingeweicht	1/2 TL Zimt
3 EL Einweichwasser	

Zubereitung

Die Datteln mit Einweichwasser und Honig pürieren. Die Nüsse fein mahlen, mit Carobpulver und Zimt vermengen und unter das Dattelpüree mischen. Den Guß bis zur weiteren Verarbeitung kühl stellen.

BANANEN-ZITRONENGUSS

Zutaten

1 Banane

6 entsteinte Datteln, ca. 1 Stunde eingeweicht

1 EL Zitronensaft

1 EL Honig

1 TL Apfelpektin

Zubereitung

Die Datteln abtropfen lassen und mit den restlichen Zutaten pürieren. Den Guß kaltstellen, bis er auf den Kuchen gestrichen wird.

ZIMTGUSS

Zutaten

40 g Mandeln

6 entsteinte Datteln, ca. 1 Stunde eingeweicht

2 EL Einweichwasser

1 EL Honig

1 TL Zimt

Zubereitung

Die Datteln mit dem Einweichwasser und Honig pürieren. Die Mandeln fein mahlen, mit Zimt vermengen und unter das Püree mischen. Den Guß kaltstellen, bis er weiterverwendet wird.

KOKOSGUSS

Zutaten

40 g Mandeln oder Paranüsse

6 entsteinte Datteln, ca. 1 Stunde eingeweicht

3 EL Einweichwasser

2 EL Kokos

2 EL Honig

Zubereitung

Die Datteln mit Einweichwasser und Honig pürieren. Die Nüsse fein mahlen, mit Kokosraspeln vermischen und unter das Püree geben. Den Guß kühl stellen bis zur weiteren Verwendung.

ZITRONENGUSS

Zutaten

40 g Mandeln	2 EL Honig
6 entsteinte Datteln, ca. 1 Stunde eingeweicht	Saft einer 1/2 Zitrone

Zubereitung

Die Datteln mit Honig und Zitronensaft pürieren. Die Mandeln fein mahlen und unter das Püree geben. Den Guß bis zur weiteren Verwendung kaltstellen.

STREUSEL

CAROBSTREUSEL

Zutaten

40 g Haselnüsse	1/2 TL Zimt
1 1/2 EL Honig	evtl. etwas Wasser
1 geh. EL Carobpulver	

Zubereitung

Die Haselnüsse grob mahlen und mit Carobpulver und Zimt vermengen. Honig und Wasser zu den trockenen Zutaten geben und mit einer Gabel die Mischung zu kleinen Klümpchen verarbeiten.

NUSSSTREUSEL

Zutaten

40 g Haselnüsse und/oder Mandeln

1 EL Honig

1/2 TL Zimt

Zubereitung

Die Nüsse grob mahlen und mit Zimt vermengen. Honig dazugeben und mit einer Gabel die Mischung zu kleinen Klümpchen verarbeiten.

KOKOSSTREUSEL

Zutaten

4 EL Kokosraspel

40 g Mandeln

2 EL Honig

Zubereitung

Die Mandeln grob mahlen und mit Kokosraspeln vermischen. Honig dazugeben und mit einer Gabel die Masse zu Klümpchen verarbeiten

SOSSEN

ERDBEERSOSSE

Zutaten

100 g Erdbeeren
1 EL Honig

Zubereitung

Die Erdbeeren mit dem Honig pürieren.

HIMBEERSOSSE

Zutaten

100 g Himbeeren
1 EL Honig

Zubereitung

Die Himbeeren mit dem Honig pürieren.

HEIDELBEERSOSSE

Zutaten

100 g Heidelbeeren   1 EL Honig

Zubereitung

Die Heidelbeeren mit dem Honig pürieren.

KIRSCHSOSSE

Zutaten

100 g Kirschen   1 EL Honig

Zubereitung

Die Kirschen mit dem Honig pürieren.

PFIRSICHSOSSE

Zutaten

2 reife Pfirsiche   1 EL Honig

Zubereitung

Die Pfirsiche mit dem Honig pürieren.

MANGOSOSSE

Zutaten

1 mittelgroße, reife Mango	1 EL Honig

Zubereitung

Die Mango mit dem Honig pürieren.

KIWISOSSE

Zutaten

2 reife Kiwis	1 EL Honig

Zubereitung

Die Kiwis mit dem Honig pürieren.

ZIMTSOSSE

Zutaten

40 g Mandeln, fein gemahlen und ca. 5 Stunden in 100 ml Wasser
eingeweicht

6 entsteinte Datteln, ca. 1 Stunde eingeweicht

1 EL Honig

1/2 TL Zimt

Zubereitung

Die Mandeln mit dem Einweichwasser, abgetropften Datteln und den restlichen Zutaten pürieren

VANILLESOSSE

Zutaten

6 entsteinte Datteln, ca. 1 Stunde eingeweicht
4-5 EL Datteleinweichwasser
1 1/2 EL Mandelmus
1/4 TL Bourbon Vanille

Zubereitung

Die Datteln abtropfen lassen und mit den restlichen Zutaten pürieren.

NUSSOSSE

Zutaten

40 g Haselnüsse, fein gemahlen	1-2 Bananen
und ca. 5 Stunden in	2 EL Honig
100 ml Wasser eingeweicht	1/4 TL Muskat

Zubereitung

Die Haselnüsse mit dem Einweichwasser und den restlichen Zutaten pürieren.

CAROBSOSSE

Zutaten

6 entsteinte Datteln,
ca. 1 Stunde eingeweicht
4 EL Datteleinweichwasser
1 1/2 EL Mandelmus
1 EL Carobpulver
1 EL Honig

Zubereitung

Die Datteln abtropfen lassen und mit den restlichen Zutaten pürieren.

KARAMELSOSSE

Zutaten

12 entsteinte Datteln, ca. 2 Stunden eingeweicht
8 EL Nußmilch (s.S 118-120) oder Einweichwasser
1 MS Bourbon Vanille

Zubereitung

Die Datteln abtropfen lassen und mit den restlichen Zutaten pürieren.

Desserts

APFELMUS

Zutaten

2 Äpfel

1 EL Honig

1 TL Zitronensaft

Zubereitung

Das Kerngehäuse aus den Äpfeln schneiden. Die Äpfel in kleine Stücke schneiden und mit dem Honig und dem Zitronensaft pürieren.

BIRNENKOMPOTT

Zutaten

3 reife Birnen

3 Feigen

200 ml Vitapur

3 EL Honig

1 TL Zimt

1/2 TL Nelken

etwas Muskat

Zubereitung

Das Kerngehäuse aus den Birnen schneiden. Die Birnen und Feigen in kleine Würfel schneiden und mit den restlichen Zutaten in einem tiefen Gefäß vermischen. Das Kompott bald aufessen.

PFLAUMENSUPPE

Zutaten

300 ml Wasser oder Vitapur

14 entsteinte Trockenpflaumen, ca. 1 Stunde eingeweicht

8 Feigen, ca. 1 Stunde eingeweicht

8 entsteinte Trockenaprikosen, ca. 1 Stunde eingeweicht

oder 3 EL Rosinen, ca. 1 Stunde eingeweicht

4 Stück Trockenbirnen, ca. 1 Stunde eingeweicht

1/2 TL Zimt

Zubereitung

Die Trockenpflaumen abtropfen lassen und mit der Hälfte der abgetropften Feigen, Zimt und Wasser/Vitapur pürieren. Die übrigen Feigen, Aprikosen oder Rosinen und die Trockenbirnen in kleine Stücke schneiden und unter die Suppe mischen.

PFLAUMENKLÖSSE MIT ZIMTSOSSE

Zutaten

80 g Mandeln

10-12 entsteinte Trockenpflaumen, ca. 1 Stunde eingeweicht

1/4 TL Zimt

Zubereitung

Die Mandeln fein mahlen und mit Zimt vermischen. Die Trockenpflaumen abtropfen lassen, pürieren und mit den Nüssen vermischen. Aus dem Teig kleine Bällchen formen und mit Zimtsoße (s.S. 82) servieren.

„BRATÄPFEL"

Zutaten

3 mittelgroße Äpfel
1 Portion Karamelsoße (s.S. 84)
1 Portion Nußstreusel (s.S. 79)

Zubereitung

Das Kerngehäuse aus den Äpfeln ausstechen und die Äpfel in einer Schüssel arrangieren. Die Caramelsoße und die Streusel gleichmäßig über die Äpfel verteilen.

FRUCHTQUARK

Zutaten

1 Tasse Nußmasse (s.S. 118-120)
150 g Obst
2 EL Honig

Zubereitung

Die Nußmasse mit dem Honig vermischen und das Obst hineinrühren.

GEFÜLLTE PFANNKUCHEN

Zutaten Teig:

70 g Mandeln

6 entsteinte Datteln, ca. 1 Stunde eingeweicht

2 EL Weizen

2 EL Dinkel

2 TL Öl

1/4 TL Bourbon Vanille

Zubereitung

Die Mandeln und das Getreide fein mahlen und mit Vanille vermischen. Die abgetropften Datteln mit Öl pürieren. Das Püree mit dem Getreide-Nußgemisch zu einem gleichmäßigen Teig verkneten. Den Teig in Hälften teilen, ausrollen, mit der Füllung bestreichen, zusammenrollen und im Ofen bei 50 Grad eine 1/2 Stunde trocknen lassen. Die Pfannkuchen gleich verspeisen.

Zutaten Füllung 1:

1 Tasse Nußmasse (s.S. 118-120)

1/2 Apfel

2 EL Rosinen,

ca. 1 Stunde eingeweicht

2 EL Honig

Zubereitung

Die Nußmasse mit Honig und Rosinen vermischen. Den Apfel in kleine Stücke schneiden und unter die Nußmasse geben.

Zutaten Füllung 2:

250 g Obst, z.B. Erdbeeren, Heidelbeeren oder Himbeeren

1 EL Honig

Zubereitung

Das Obst mit Honig vermischen.

BANANENCREME

Zutaten

5 Bananen	1 EL Honig
6 EL Wasser	1/4 TL Bourbon Vanille

Zubereitung

Alle Zutaten pürieren. Sofort servieren.

Variation: 1 EL Mandelmus dazugeben

FRUCHTSALAT IN MELONENSCHALE

Zutaten

1 Honigmelone	100 g Erdbeeren
verschiedene Früchte	Zitronensaft
der Saison, z.B. 1 Pfirsich	Honig nach Belieben
100 g Weintrauben	

Zubereitung

Die Honigmelone der Länge nach halbieren, die Kerne entfernen und das Fruchtfleisch mit einem Löffel herausschaben. Pfirsich und Erdbeeren in kleine Stücke schneiden und mit den Melonenstücken vermischen. Weintrauben halbieren, entsteinen und unter das restliche Obst mischen. Das Obst mit etwas Zitronensaft besprenkeln und je nach Geschmack etwas Honig unterrühren. Den Obstsalat nun in die ausgehöhlten Melonenschalen geben.

KALTSCHALE

Zutaten

400 g Beeren, z.B. Heidelbeeren	2 EL Honig
Erdbeeren oder Himbeeren	1 TL Apfelpektin
6 EL Wasser oder Vitapur	

Zubereitung

Alle Zutaten pürieren. Bis zum Verzehr sollte die Kaltschale im Kühlschrank aufbewahrt werden.

ROTE GRÜTZE

Zutaten

300 g Erdbeeren	100 g Heidelbeeren
250 g gemischte Beeren und Obst,	2-3 EL Honig
z.B. Himbeeren und Kirschen	4 TL Apfelpektin

Zubereitung

Die Erdbeeren mit Heidelbeeren, Honig und Apfelpektin pürieren. Das restliche Obst unter die Creme rühren. Die Grütze bis zum Verzehr kalt stellen.

Serviervorschlag: Die Grütze in kleine Schälchen füllen und mit einer Kugel Bananen-Vanilleeis (s.S. 99) oder Vanillesoße (s.S. 83) servieren.

SÜSSIGKEITEN

MARZIPAN

Zutaten

80 g Mandeln

2 EL Honig

1-2 TL Wasser

Zubereitung

Die Mandeln fein mahlen und mit Honig und Wasser zu einer geschmeidigen Masse zusammenkneten. Das Marzipan ist mehrere Wochen im Kühlschrank haltbar.

MARZIPANKARTOFFELN

Zutaten

1 Portion Marzipan (s.S. 91)
Zimt

Zubereitung

Das Marzipan in kirschgroße Kugeln formen und in Zimt rollen.

CAROBKUGELN

Zutaten

60-70 g Haselnüsse
2 EL Honig
1 EL Carobpulver
1 TL Zimt
evtl. etwas Wasser

Zubereitung

Die Haselnüsse fein mahlen und mit Zimt und Carobpulver mischen. Honig dazugeben und alles zu einer Masse kneten. Ist der Teig zu trocken, gibt man etwas Wasser dazu. Aus der Masse kirschgroße Kugeln formen und in etwas Zimt oder Carob rollen. Die Kugeln sind im Kühlschrank mehrere Wochen haltbar.

DATTELKUGELN

Zutaten

12 entsteinte Datteln, ca. 1 Stunde eingeweicht
80 g Mandeln
ca. 8 Mandeln
1 MS Bourbon Vanille

Zubereitung

Die Datteln abtropfen lassen und mit dem Pürierstab pürieren. Die Mandeln fein mahlen, mit der Vanille vermischen und zum Dattelpüree geben. Alles gut vermischen, zu einer Masse kneten und in kirschgroße Kugeln formen. Die 8 Mandeln fein mahlen und die Kugeln darin rollen. Dieses Konfekt ist im Kühlschrank 1-2 Wochen haltbar.

APRIKOSENKUGELN

Zutaten

14 entsteinte Trockenaprikosen, ca. 1 Stunde eingeweicht
140 g Mandeln
1-2 EL Honig
Kokosraspeln

Zubereitung

Die Mandeln fein mahlen. Die Aprikosen abtropfen lassen, mit dem Honig pürieren und zu den gemahlenen Mandeln geben. Alle Zutaten zu einem festen Teig kneten, kleine Bällchen formen und in Kokosraspeln rollen. Dieses Konfekt ist im Kühlschrank 1-2 Wochen haltbar.

BIRNENBÄLLCHEN

Zutaten

6-8 Trockenbirnen, ca. 1 Stunde eingeweicht

80 g Mandeln

1 MS Muskatnuß

Zubereitung

Die Mandeln fein mahlen und Muskat daruntermischen. Die Trockenbirnen abtropfen lassen, pürieren und unter die gemahlenen Nüsse geben. Die Zutaten zu einem Teig verkneten und in kleine Bällchen formen. Diese sind 1-2 Wochen im Kühlschrank haltbar.

KARAMELMASSE

Zutaten

6 entsteinte Datteln, ca. 1 Stunde eingeweicht

4 EL Mandelmus

2 EL Weizenkörner

1 MS Bourbon Vanille

Zubereitung

Die Datteln abtropfen lassen und mit Mandelmus pürieren. Weizen fein
mahlen und mit Vanille vermischen. Das Dattelpüree zu dem Mehl geben und alles zu einer zähen Masse verkneten. Diese Masse zu einer
Rolle oder einer Kugel formen und im Kühlschrank aufbewahren.

NOUGAT

Zutaten

4 EL Mandelmus	1 EL Honig
1 geh. EL Carobpulver	1/2 TL Zimt

Zubereitung

Alle Zutaten gut vermischen und zu einer Rolle oder einer Kugel formen. Kalt stellen.

PFEFFERMINZMASSE

Zutaten

1 Portion Nougat
1-2 Tropfen Pfefferminzöl

Zubereitung

Zu der Nougatmasse das Pfefferminzöl geben und alles gut verkneten.

HASELNUSSKONFEKT

Zutaten

60 g Haselnüsse
2 EL Honig
evtl. etwas Wasser

Zubereitung

Die Haselnüsse fein mahlen und mit Honig und evtl. etwas Wasser zu einer geschmeidigen Masse verkneten. Den Teig in kleine Kugeln rollen und im Kühlschrank aufbewahren.

MARZIPANROLLEN

NOUGATROLLE

Zutaten

1 Portion Marzipan (s.S. 91)
1 Portion Nougat (s.S. 95)

Zubereitung

Das Marzipan dünn ausrollen. Das Nougat zu einer Rolle formen, auf das Marzipan legen und dieses dann zusammenrollen.

ZITRONENROLLE

Zutaten

1 Portion Marzipan (s.S. 91)
1 Portion Zitronenguß (s.S. 78)

Zubereitung

Das Marzipan zu einem langen, schmalen Rechteck ausrollen. Den Zitronenguß gleichmäßig auf das Marzipan streichen und zusammenrollen.

BEERENROLLE

Zutaten

1 Portion Marzipan (s.S. 91)

40 g kleingeschnittene Beeren, z.B. Erdbeeren, Blaubeeren oder Himbeeren

40 g Mandeln

1 EL Honig

Zubereitung

Die Mandeln fein mahlen und mit den Beeren und Honig vermischen. Das Marzipan zu einem langen, schmalen Rechteck ausrollen, mit der Beerenmasse bestreichen und zusammenrollen.

Eiscremekreationen

NUSSEIS

Zutaten

2 Bananen

60 g Haselnüsse oder Mandeln, ca. 5 Stunden eingeweicht

2 EL Honig

1/2 TL Zimt

1/4 TL Muskat

1/4 TL Kardamom

Zubereitung

Bananen in Scheiben schneiden und mindestens 5 Stunden einfrieren. Die abgetropften Nüsse fein mahlen und mit den anderen Zutaten pürieren.

CAROBEIS

Zutaten

2 Bananen

40 g Haselnüsse, ca. 5 Stunden eingeweicht

4 EL Carobpulver

2 EL Honig

1/2 TL Zimt

Zubereitung

Bananen in Scheiben schneiden und ca. 5 Stunden einfrieren. Die Haselnüsse gut abtropfen, fein mahlen und mit den Bananenscheiben und den restlichen Zutaten pürieren.

BANANEN-VANILLEEIS

Zutaten

3 Bananen
1 EL Honig
1/2 TL Bourbon Vanille

Zubereitung

Bananen in Scheiben schneiden und ca. 5 Stunden einfrieren. Mit Honig und Vanille vermengen und zu einer cremigen Masse pürieren.

MARZIPANEIS

Zubereitung

Grundzutat ist Rohkost-Marzipan (s.S. 91). Man nehme die Hälfte der im Rezept angegebenen Menge Marzipan und püriert diese mit zwei gefrorenen Bananen (in Scheiben geschnitten und eingefroren wie in den anderen Eisrezepten) und einem Eßlöffel Honig.

PFIRSICHEIS

Zutaten

2 reife Pfirsiche
1 Banane
1 EL Honig
1/2 TL gemahlene Nelken

Zubereitung

Pfirsiche und Banane in Scheiben schneiden und ca. 5 Stunden einfrieren. Mit Honig und Nelkenpulver pürieren. Anstelle von Pfirsichen können ebensogut Nektarinen verwendet werden.

HIMBEEREIS

Zutaten

250 g Himbeeren
1 Banane
1-2 EL Honig

Zubereitung

Die Himbeeren mit der in Scheiben geschnittenen Banane ca. 5 Stunden einfrieren. Das Obst mit Honig pürieren. Es sollte darauf geachtet werden, daß die Himbeeren ein starkes Aroma aufweisen.

ERDBEEREIS

Zutaten

250 g zerkleinerte Erdbeeren	1 EL Honig
1 Banane	

Zubereitung

Die Erdbeeren und die in Scheiben geschnittene Banane ca. 5 Stunden einfrieren. Das gefrorene Obst mit Honig pürieren.

HEIDELBEEREIS

Zutaten

250 g Heidelbeeren	1 EL Honig
1 Banane	

Zubereitung

Die Heidelbeeren und die in Scheiben geschnittene Banane ca. 5 Stunden einfrieren und mit dem Honig pürieren.

KIRSCHEIS

Zutaten

250 g Kirschen	1 EL Honig
1 Banane	

Zubereitung

Die Kirschen entsteinen und mit der in Scheiben geschnittenen Banane ca. 5 Stunden einfrieren. Das gefrorene Obst mit dem Honig pürieren.

ZITRONENEIS

Zutaten

2 Bananen
1 Zitrone
2 EL Honig

Zubereitung

Bananen und Zitrone in kleine Stücke schneiden und ca. 5 Stunden einfrieren. Das gefrorene Obst mit Honig pürieren.

ORANGENEIS

Zutaten

2 Orangen
1 Banane
1 EL Honig

Zubereitung

Orangen und Banane in kleine Stücke schneiden und ca. 5 Stunden einfrieren. Das Obst mit Honig pürieren. Wenn ein milderes Eis gewünscht wird, kann man es auch aus einer Orange und zwei Bananen herstellen.

MANGOEIS

Zutaten

1 mittelgroße Mango	1 EL Honig
1 Banane	

Zubereitung

Mango und Banane in kleine Stücke schneiden und ca. 5 Stunden einfrieren und mit dem Honig pürieren. Es ist sehr wichtig, eine reife Mango zu verwenden.

BIRNENEIS

Zutaten

2 Birnen	1 EL Honig
1 Banane	1 MS gemahlene Nelken

Zubereitung

Birnen und Banane kleinschneiden und ca. 5 Stunden einfrieren. Das Obst mit Honig und Nelkenpulver pürieren.

ANANASEIS

Zutaten

250 g Ananasstücke	1 EL Honig
1 Banane	

Zubereitung

Die Banane in Scheiben schneiden und mit den Ananasstücken ca. 5 Stunden einfrieren. Das Obst mit dem Honig pürieren.

MELONENEIS

Zutaten

250 g zerkleinerte Honigmelone

1 Banane

1-2 EL Honig

Zubereitung

Die Banane in Scheiben schneiden und mit den Melonenstücken ca. 5 Stunden einfrieren. Das gefrorene Obst mit dem Honig pürieren.

APFELEIS

Zutaten

2 Äpfel

1 Banane

1-2 EL Honig

Zubereitung

Äpfel und Banane kleinschneiden, ca. 5 Stunden einfrieren und mit dem Honig pürieren.

PFLAUMEN-ZIMTEIS

Zutaten

2 Bananen
8 entsteinte Trockenpflaumen, ca. 1 Stunde eingeweicht
1 EL Honig
1 TL Zimt

Zubereitung

Die Bananen und die gut abgetropften Pflaumen kleinschneiden, ca. 5 Stunden einfrieren und dann mit Honig pürieren.

KOKOSEIS

Zutaten

2 Bananen
4 EL Kokosraspel
1 EL Honig

Zubereitung

Bananen in Scheiben schneiden und ca. 5 Stunden einfrieren. Mit Honig und Kokosraspeln pürieren.

EISTORTEN

EIS-PIZZA

Zutaten

1 Portion Bananen-Vanilleeis (s.S. 99)	80 g Erdbeeren, in Scheiben geschnitten
1/2 Portion Erdbeereis	1/2 Portion Bananen-Zitronenguß (s.S. 76)
1 Kiwi, 1 Pfirsich oder Nektarine	

Zubereitung

Für diese Kreation benötigt man eine Springform mit 24 cm Durchmesser. Sie sollte mit Backpapier ausgelegt werden.

Vanilleeis in die Springform streichen. Das Erdbeereis darüberträufeln. Kiwis schälen und in Scheiben schneiden, Pfirsich/Nektarine in kleine Stücke schneiden und auf dem Erdbeereis verteilen. Bananen-Zitronenguß darüber geben. Den Eiskuchen in das Gefrierfach stellen und mindestens 4 Stunden einfrieren. Vor dem Servieren kurz antauen lassen.

Für die folgenden Eistorten braucht man eine Springform mit 15 cm Durchmesser, die mit Backpapier ausgelegt ist.

MARMOR-EISTORTE

Zutaten

1 Portion Bananen-Vanilleeis (s.S. 99)
1 Portion Pflaumen-Zimteis (s.S. 105)

Zubereitung

Bananeneis in eine Springform geben. Zimt-Pflaumeneis darüber geben und mit einer Gabel durch kreisende Bewegungen mit dem Bananeneis vermengen. Den Kuchen einige Stunden einfrieren, vor dem Servieren kurz antauen lassen und evtl. mit Bananenscheiben dekorieren.

SCHWARZWÄLDER EISTORTE

Zutaten

1 Portion Carobeis (s.S. 98)	1/2 Portion Carobstreusel (s.S. 78)
1/2 Portion Bananen-Vanilleeis (s.S. 99)	und/oder 1/2 Portion Carobsoße (s.S. 84)
1/2 Portion Kirscheis (s.S. 101)	

Zubereitung

Carobeis und Kirscheis jeweils zweimal abwechselnd in eine Springform geben. Auf die letzte Schicht Kirscheis das Vanilleeis geben und den Eiskuchen dann mindestens 4 Stunden einfrieren. Vor dem Servieren kurz antauen lassen, mit Carobstreusel oder Carobsoße begießen und evtl. mit frischen, entsteinten Süßkirschen dekorieren.

ORANGENÜBERRASCHUNG

Zutaten

1 Portion Orangeneis (s.S. 102)	1 Orange
1 Portion Kokoseis (s.S. 105)	

Zubereitung

Orangeneis in eine Springform geben. Kokoseis darübergeben und mit einer Gabel beide Eissorten leicht vermengen. Den Eiskuchen mindestens 4 Stunden einfrieren, vor dem Servieren kurz antauen lassen und mit Orangenscheiben dekorieren.

BEEREN-EISTORTE

Zutaten

1 Portion Himbeereis (s.S. 100)	1/2 Portion Kokoseis (s.S. 105)
1/2 Portion Heidelbeereis (s.S. 101)	1/2 Portion Kokosguß (s.S. 77)

Zubereitung

Das Himbeereis in eine Springform geben. Kokoseis und Heidelbeereis darübergeben. Die Eistorte mindestens 4 Stunden einfrieren. Vor dem Servieren die Kokosguß über die Torte geben.

EISSANDWICH

Zutaten

1 Portion Pfannkuchenteig (s.S. 88)
1 Portion Eis, z.B. Bananen-Vanilleeis

Zubereitung

Die Hälfte des Kuchenteigs in eine Springform drücken. Das Eis auf den Teig geben. Den Rest des Teigs dünn ausrollen und als Decke über das

Eis geben. Die Eistorte noch einige Stunden einfrieren und vor dem Servieren kurz antauen lassen.

NUSS-EISTORTE

Zutaten

1 Portion Nußeis (s.S. 98)	1/2 Portion Zimtsoße (s.S. 82)
1/2 Portion Carobeis (s.S. 98)	1/2 Portion Nußstreusel (s.S. 79)
1/2 Portion Marzipaneis (s.S. 99)	

Zubereitung

Die Hälfte des Nußeises in eine Springform geben. Carobeis, Marzipaneis und das restliche Nußeis schichtweise in die Springform geben. Den Kuchen mindestens 4 Stunden einfrieren. Vor dem Servieren kurz antauen lassen und Zimtsoße und Streusel über die Torte geben.

EISTÖRTCHEN

SOMMERERFRISCHUNG

Zutaten

1 Portion Zitroneneis (s.S. 101)	40 g Ananasstücke
40 g gehackte Walnüsse	1/2 Pfirsich, in Stücke geschnitten

Zubereitung

Walnüsse, Ananas- und Pfirsichstücke unter das Zitroneneis mischen. Die Eismasse in kleine Törtchenformen füllen und mindestens 4 Stunden einfrieren. Vor dem Servieren kurz antauen lassen.

PFIRSICH MELBA

Zutaten

1 Portion Mangoeis (s.S. 103)

40 g gehackte Haselnüsse

40 g Himbeeren

1/2 Pfirsich, in Stücke geschnitten

Zubereitung

Die Nüsse, Himbeeren und Pfirsichstücke unter das Mangoeis mischen. Die Eismasse in kleine Törtchenformen füllen und mindestens 4 Stunden einfrieren. Vor dem Servieren kurz antauen lassen.

Müsli

WINTERMÜSLI

Zutaten

8 EL Hafer, frisch flocken	3 entsteinte Trockenaprikosen
40 g Nüsse, grob mahlen	3 getrocknete Feigen
4 EL Sonnenblumenkerne	3 EL Rosinen

Zubereitung

Aprikosen und Feigen in kleine Stücke schneiden und mit den restlichen Zutaten vermischen. Das Müsli ist im Kühlschrank mehrere Wochen haltbar.

BIRCHERMÜSLI

Zutaten

1/2 Tasse Nußmasse (s.S.118-120)	3 EL Rosinen,
1 Apfel,	ca. 1 Stunde eingeweicht
4 EL Hafer, 1 EL Honig	etwas Zitronensaft

Zubereitung

Den Hafer zu Flocken quetschen. Den Apfel reiben und mit den Haferflocken unter die Nußmasse rühren. Die abgetropften Rosinen, den Honig und Zitronensaft dazugeben und alles gut vermischen. Das Müsli sofort servieren.

GRANOLAMÜSLI

Zutaten

40 g Haselnüsse	3 EL Rosinen
40 g Mandeln	2 EL Honig
4 EL Sonnenblumenkerne	1 TL Zimt

Zubereitung

Nüsse grob mahlen. Sonnenblumenkerne, Rosinen und Zimt unter die gemahlenen Nüsse geben und alles gut vermischen. Den Honig dazugeben und mit einer Gabel zu einer krümeligen Konsistenz verarbeiten. Das Müsli ist im Kühlschrank einige Tage bis Wochen haltbar.

ENERGIEMÜSLI

Zutaten

40 g Mandeln, fein gemahlen	2 Orangen, 1 Apfel
und 5 Stunden in 6 EL Wasser	6 EL Haferkeimlinge
eingeweicht	4 EL Sonnenblumenkerne,
6 entsteinte Datteln,	über Nacht eingeweicht
ca. 1 Stunde eingeweicht	1 EL Honig

Zubereitung

Die Mandeln mit dem Einweichwasser, den abgetropften Datteln und Honig pürieren. Den Apfel reiben, mit den in kleine Stücke geschnittenen Orangen, dem gekeimten Hafer und den abgetropften Sonnenblumenkernen in einer Schüssel vermengen. Das Püree darübergeben und alles gut vermischen.

FRISCHKORNBREI

Zutaten Grundrezept:

6 EL Getreide (Weizen,
Weizen-Dinkel-Gemisch oder Weizen-Roggen-Gemisch)
3 EL Nüsse
(Mandeln und/oder Haselnüsse)
100-150 ml Wasser

Zubereitung

Das Getreide mittelfein mahlen. Die Nüsse fein mahlen und unter das Getreide mischen. Das Wasser dazugeben und den Brei mindestens 6 Stunden einweichen.

Zutaten Anrichtungsvorschlag:

2 Bananen
1 EL Mandelmus
1-2 EL Honig
etwas Zimt

Zubereitung

Die Bananen mit einer Gabel zerdrücken und unter den Brei mischen. Honig und Zimt dazugeben und alles gut vermischen.

Getränke

FRAPPÉS

LEMONADE

Zutaten

200 ml Vitapur	2 EL Honig
Saft von 1 Zitrone	

Zubereitung

Den Zitronensaft mit Honig und Vitapur mixen. Die Lemonade am besten kalt servieren.

ORANGEADE

Zutaten

200 ml Vitapur	1-2 EL Honig
Saft von 2 Orangen (ca. 100 ml)	

Zubereitung

Den Orangensaft mit Honig und Vitapur mixen. Die Orangeade bis zum Servieren kaltstellen.

VANILLEFRAPPÉ

Zutaten

300 ml Vitapur

6 entsteinte Datteln, ca. 2 Stunden in 100 ml Wasser eingeweicht

1/4 TL Bourbon Vanille

Zubereitung

Die Datteln mit dem Einweichwasser und Vanille pürieren und mit dem Vitapur auffüllen. Das Gemisch direkt vor dem Verzehr noch einmal kurz mixen.

WEIHNACHTSFRAPPÉ

Zutaten

400 ml Vitapur

8 entsteinte Trockenpflaumen, ca. 1 Stunde eingeweicht

1-2 EL Honig

1 TL Zimt

1/4 gemahlene Nelken

1/4 TL Muskatnuß

Zubereitung

Die abgetropften Pflaumen mit der Hälfte des Vitapur, dem Honig und den Gewürzen pürieren. Vor dem Servieren mit dem restlichen Vitapur auffüllen und nochmals kurz mixen.

WEITERE VORSCHLÄGE FÜR FRAPPÉS

Zutaten

400 ml Vitapur

1 TL Honig

Früchte z.B.

150 g Melonen (Honigmelone oder Cantaloupe) oder

2 Bananen oder

150 g Himbeeren oder

150 g Heidelbeeren oder

150 g entsteinte Süßkirschen oder

150 g Papaya oder

1 mittelgroße, reife Mango oder

2 reife Pfirsiche und evtl. etwas gemahlene Nelken oder

150 g Ananas oder

150 g Erdbeeren oder

2 kleine Äpfel oder

2 kleine Birnen

Zubereitung

Die Früchte in kleine Stücke schneiden und mit Honig und der Hälfte des Vitapur pürieren. Danach mit dem restlichen Vitapur auffüllen und vor dem Verzehr noch einmal kurz mixen.

VITAPUR-BOWLE

Zutaten

400 ml Vitapur
8 Feigen, ca. 1 Stunde eingeweicht
evtl. 1/4 TL gemahlene Nelken
eine Kombination verschiedener Früchte, z.B. Pfirsiche und Erdbeeren
oder Ananas, Birnen und Weintrauben

Zubereitung

Die abgetropften Feigen mit der Hälfte des Vitapur und dem Gewürz pürieren. Dann mit dem restlichen Vitapur auffüllen und nochmals alles mixen. Verschiedene Früchte in kleine Stücke schneiden und in die Bowle geben.

NUSSMILCH

MANDELMUSMILCH

Zutaten

400 ml Wasser
4 EL Mandelmus
1 EL Honig

Zubereitung

Alle Zutaten im Mixer mixen. Ergibt ca. 2 Tassen Milch.

MANDELMILCH, GESÜSST

Zutaten

80 g Mandeln, fein gemahlen und
5 Stunden in 500 ml Wasser eingeweicht
6 entsteinte Datteln, ca. 2 Stunden in 400 ml Wasser eingeweicht

Zubereitung

Die gemahlenen Mandeln samt Einweichwasser und die Datteln samt ihrem Einweichwasser im Mixer pürieren. Diese Suppe nun durch ein Tuch, z.B. ein Safttuch oder ein Käsetuch, tropfen lassen. Dafür das Tuch fest über eine tiefe Schüssel spannen und mit einem Bindfaden oder Gummiband fixieren. Man kann mit einem großen Löffel über das Tuch hin und her streichen, um die Flüssigkeit schneller hindurchzuzwängen. Am Ende des Abtropfvorgangs kann man das Tuch abnehmen und leicht zusammenpressen, um noch etwas Mandelmilch herauszudrücken. In der Schüssel befinden sich nun ca. 4 Tassen Mandelmilch. Im Tuch bleibt ca. 1 Tasse Nußmasse übrig, die in anderen Rezepten schöne Anwendung findet. Diese Nußmasse sollte möglichst schnell verbraucht werden. Sie ist im Kühlschrank nur 1-2 Tage haltbar.
Variation: Anstatt mit Datteln zu süßen, kann man auch Honig verwenden. Für 80 g Mandeln braucht man dann 2 EL Honig und 400 ml Wasser. Diese Variante ergibt etwas weniger Mandelmilch und Nußmasse.

MANDELMILCH, UNGESÜSST

Zutaten

80 g Mandeln, fein gemahlen und 5 Stunden	in 500 ml Wasser eingeweicht 100 ml Wasser

Zubereitung

Die gemahlenen Mandeln mit dem Einweichwasser und dem Wasser im Mixer mixen. Diese Masse auf ein Tuch geben und die Mandelmilch durchtropfen lassen (siehe genauere Beschreibung unter Mandelmilch, gesüßt). Man erhält ca. 2 Tassen Mandelmilch und 1/2 Tasse Mandelmasse.

PARANUSSMILCH, GESÜSST

Zutaten

80 g Paranüsse, fein gemahlen und

5 Stunden in 500 ml Wasser eingeweicht

6 entsteinte Datteln, ca. 2 Stunden in 400 ml Wasser eingeweicht

Zubereitung

Die gemahlenen Paranüsse samt Einweichwasser und die Datteln samt ihrem Einweichwasser im Mixer pürieren. Anschließend die Masse auf ein Tuch geben und die Paranußmilch durchtropfen lassen (siehe Mandelmilch, gesüßt). Man erhält knapp 4 Tassen Paranußmilch und knapp 1 Tasse Nußmasse.

Variation: Anstatt mit Datteln zu süßen, kann man auch Honig verwenden. Für 80 g Nüsse sollte man 2 EL Honig und 400 ml Wasser verwenden.

PARANUSSMILCH, UNGESÜSST

Zutaten

80 g Paranüsse, fein gemahlen und
5 Stunden in 500 ml Wasser eingeweicht
100 ml Wasser

Zubereitung

Die gemahlenen Paranüsse samt Einweichwasser und dem Wasser im Mixer mixen. Das Gemisch nun auf ein Tuch geben und die Nußmilch durchtropfen lassen (siehe Vorgang unter Mandelmilch, gesüßt). Dabei erhält man 2 Tassen Paranußmilch und 1/2 Tasse Nußmasse.

„EIERLIKÖR"

Zutaten

2 Tassen Nußmilch
6 entsteinte Datteln, ca. 1 Stunde eingeweicht
1/4 TL Bourbon Vanille
1/4 TL Muskatnuß
1/4 TL Zimt,
2 MS Kardamom

Zubereitung

Alle Zutaten im Mixer mixen.

AFTER EIGHT SPEZIAL

Zutaten

2 Tassen Nußmilch

3-4 EL Carobpulver

2-3 EL Honig (je nach Geschmack und verwendeter Nußmilch)

1-2 Tröpfchen Pfefferminzöl

Zubereitung

Alle Zutaten mixen. Die Dosierung des Minzöls sollte sehr vorsichtig geschehen, denn schon ein dritter Tropfen könnte das Getränk ungenießbar machen.

WEIHNACHTSPUNSCH

Zutaten

2 Tassen Nußmilch

8 entsteinte Trockenpflaumen, ca. 1 Stunde eingeweicht

1 TL Zimt

1/4 TL Nelken, 1/4 TL Muskatnuß

Zubereitung

Alle Zutaten im Mixer mixen.

CAROBMILCH

Zutaten

2 Tassen Nußmilch

3 EL Carobpulver

1 TL Zimt

1-2 EL Honig (je nach Geschmack und verwendeter Nußmilch)

Zubereitung

Alle Zutaten mixen.

FRUCHTMILCH

Zutaten

1 Tasse Nußmilch

150 g bzw. 1 Stück Obst nach

Wahl, z.B. 1 Banane, Beerenfrüchte oder 1 Pfirsich

Honig nach Geschmack

Zubereitung

Alle Zutaten mixen.

MILCHSHAKES

NUSSSHAKE

Zutaten

1 Tasse Nußmilch
1 Banane, in kleine Stücke geschnitten und ca. 5 Stunden eingefroren
40 g Nüsse (Mandeln und/oder Haselnüsse)
1/4 TL Zimt
1 MS Muskatnuß
Honig nach Belieben

Zubereitung

Die Nüsse fein mahlen und mit den restlichen Zutaten in einen Mixer geben und pürieren.

VANILLESHAKE

Zutaten

1 Tasse Paranußmilch
1 Banane, in kleine Stücke geschnitten und ca. 5 Stunden eingefroren
6 entsteinte Datteln, ca. 2 Stunden eingeweicht
1/4 TL Bourbon Vanille
Honig nach Geschmack

Zubereitung

Alle Zutaten mixen.

CAROBSHAKE

Zutaten

1 Tasse Nußmilch
2 Bananen, in kleine Stücke geschnitten und ca. 5 Stunden eingefroren
2 EL Carobpulver
1-2 EL Honig
1/2 TL Zimt

Zubereitung

Alle Zutaten pürieren.

CAROB-MINTSHAKE

Zutaten

1 Tasse Nußmilch
2 Bananen, in kleine Stücke geschnitten und ca. 5 Stunden eingefroren
3 EL Carobpulver
2-3 EL Honig
2 Tropfen Pfefferminzöl

Zubereitung

Alle Zutaten im Mixer pürieren.

BANANENSHAKE

Zutaten

1 Tasse Nußmilch
3 reife Bananen, in kleine Stücke geschnitten und ca. 5 Stunden eingefroren
Honig nach Belieben

Zubereitung

Alle Zutaten pürieren.

PFLAUME-ZIMTSHAKE

Zutaten

1 Tasse Nußmilch
8 entsteinte Trockenpflaumen, ca. 1 Stunde eingeweicht
1 Banane, in kleine Stücke geschnitten und ca. 5 Stunden eingefroren
1 TL Zimt
1/4 TL Muskat

Zubereitung

Alle Zutaten im Mixer pürieren.

WEITERE VORSCHLÄGE FÜR SHAKES

Zutaten

1 Tasse Nußmus

Honig nach Belieben

1 Banane, in kleine Stücke geschnitten und ca. 5 Stunden eingefroren

dazu Früchte, in kleine Stücke geschnitten

und ca. 5 Stunden eingefroren, z.B.:

200 g Erdbeeren oder

200 g Himbeeren oder

200 g Heidelbeeren oder

200 g entsteinte Kirschen oder

2 reife Pfirsiche oder

1 weitere Banane und 1 kleine Zitrone oder

1 weitere Banane und 1 Orange oder

1 mittelgroße, reife Mango oder

200 g Papaya oder

200 g Ananas oder

200 g Melone (3 Stunden eingefroren) oder

2 Äpfel (3 Stunden eingefroren) oder

2 Birnen und evtl. 1 MS Nelken

Zubereitung

Die jeweiligen Zutaten im Mixer pürieren.

Register

K

L

M

N

Es gibt viele Organisationen, die eine gesunde Ernährung empfehlen und über die alarmierende weltweite Umweltzerstörung informieren. Doch nur Earth-Save widmet sich der Aufgabe, sowohl die ernährungsbedingten Krankheiten als auch die ebenfalls auf unsere Eßgewohnheiten zurückzuführenden Umweltschäden zu reduzieren. EarthSave zeigt auf, wie unser Wasser, unser Boden, unsere Luft und die ökologische Vielfalt unseres Planeten unter der Produktion von Rind- und Schweinefleisch, Fisch, Eiern und Milchprodukten leiden. Durch die Aufklärung der Bevölkerung über den enormen Einfluß, den unsere Nahrungswahl auf unsere Gesundheit, die kaum noch tragbare Kostenexplosion im Gesundheitswesen, den Welthunger, die Mißhandlung der Tiere und die Zukunft allen Lebens auf der Erde hat, offenbart EarthSave, wie wir dreimal täglich viel Gutes bewirken können, indem wir uns vermehrt einer pflanzlichen Ernährungsweise zuwenden.

EarthSave ist eine gemeinnützige Organisation, die 1988 von John Robbins aufgrund des überwältigenden Zuspruchs, den sein Buch *Diet for a New America* in den USA fand, gegründet wurde. Ende 1994 gründete der bekannte Ernährungsforscher Christian Opitz den deutschen Earth Save - „Bewahrt die Erde" e.V., in dem die unterschiedlichsten Menschen in dem gemeinsamen Streben nach einem gesünderen Leben in einer heileren Welt vereint sind. Ihr Mitwirken ist herzlich willkommen!

Earth Save -
„Bewahrt die Erde" e.V.
Fuchstanzweg 19, 65760 Eschborn
Telefon: 0 61 73 - 6 56 58
Telefax: 0 61 73 - 32 08 81

Christian Opitz

Befreite Ernährung

Christian Opitz
Befreite Ernährung
Wie der Körper uns zeigt, welche Nahrung er wirklich für Gesundheit und
Wohlbefinden braucht

240 Seiten, Broschur • € 16,90 (D)/ca. sFr. 25,90 • ISBN 978-3-939570-97-4

Victoria Boutenko

Grüne Smoothies

Victoria Boutenko

Grüne Smoothies

Leckere, gesund & schnell zubereitet

180 Seiten, Broschur • € 16,90 (D)/ca. sFr. 25,90 • ISBN 978-3-939570-70-7

John Robbins
Food Revolution!

John Robbins
Food Revolution!

430 Seiten, Broschur • € 19,90 (D)/ca. sFr. 30,50 • ISBN 978-3-934647-50-3

Gabriele Mauz

Rohköstlichkeiten

Rohköstlichkeiten zum Frühstück

Eine ausgewogene Ernährung fängt mit einem leckeren Frühstück an, das aus natürlichen, unverfälschten Lebensmitteln besteht, alle wichtigen Nähr- und Vitalstoffe enthält und uns angenehm sättigt. Hier finden Sie mehr als hundert köstliche Frühstücksrezepte sowie allerlei Wissenswertes und zahlreiche Tipps rund um das Thema „Rohkostküche".

140 Seiten, Broschur
€ 16,90 (D)/ca. sFr. 25,90
ISBN 978-3-939570-39-4

Roh-Köstlichkeiten für Genießer

Frische pflanzliche Nahrung ist gesund und bietet vielfältige Möglichkeiten, kulinarisch kreativ zu werden, wie die hier vorgestellten 100 einfachen bis ausgefallenen Gerichte beweisen.

144 Seiten, Hardcover,
durchgehend farbige Abb.
€ 16,90 (D)/ca. sFr. 25,90
ISBN 978-3-934647-76-3